AF233730

E. Vandervelde

Professeur à l'Université Nouvelle de Bruxelles.

La Coopération neutre

et

la Coopération socialiste

LIBRAIRIE FÉLIX ALCAN.

LA COOPÉRATION NEUTRE

ET

LA COOPÉRATION SOCIALISTE

1105-12. — Coulommiers. Imp. Paul BRODARD. — 10-12.

LA COOPÉRATION NEUTRE

ET LA

COOPÉRATION SOCIALISTE

PAR

ÉMILE VANDERVELDE

Professeur à l'Université nouvelle de Bruxelles.

———✦✕✦———

PARIS

LIBRAIRIE FÉLIX ALCAN

108, BOULEVARD SAINT-GERMAIN, 108

—

1913

A MON AMI

ÉDOUARD ANSEELE

FONDATEUR DU *VOORUIT*

COOPÉRATEUR ET SOCIALISTE

LA COOPÉRATION NEUTRE

ET LA

COOPÉRATION SOCIALISTE

CHAPITRE PREMIER

LES RAPPORTS ENTRE LE SOCIALISME ET LA COOPÉRATION : CE QU'ILS ÉTAIENT

Il n'y a pas bien longtemps, les socialistes de toutes nuances, — les Belges seuls faisant exception — s'accordaient pour traiter la coopération avec un suprême dédain.

En Allemagne, quelques Lassalliens défendaient encore les coopératives de production, mais condamnaient sévèrement, au nom de la loi d'airain des salaires, les coopératives de consommation. Les Marxistes, de leur côté, comptaient, avant tout, sur l'action politique et, à côté d'elle, n'attachaient de réelle importance qu'à l'action syndicale.

En France, où la plupart des coopératives de production avaient lamentablement échoué et où les sociétés de consommation, d'ailleurs clairsemées, vivotaient sous le patronage de quelques philanthropes, les Guesdistes et les Malonistes, si éloignés par ailleurs, se rencontraient pour dénoncer « les roublards de l'orthodoxie économique qui avaient égaré les ouvriers dans les voies sans issue de la coopération »[1].

Quant aux rares disciples de Marx ou de Lassalle qui s'efforçaient, vers 1880, de propager en Angleterre les idées de leurs maîtres, l'intransigeance de leur mépris pour la coopération n'avait d'égale que la ferveur de leur foi dans une prochaine révolution[2].

Étant donné cet état d'esprit, on s'explique aisément que des coopérateurs d'ancienne date, comme Charles Gide, aient pu dire que les socia-

1. Benoît Malon, *Manuel social*.
2. Harry Snell, *Socialism and Cooperation*, Manchester, 1906. L'auteur cite, à ce propos, le passage suivant d'un discours prononcé par Bernard Shaw en 1888, à la Section économique de la British Association : « Je me souviens que l'on me demanda un jour, en public, combien de temps il me faudrait pour réaliser le Socialisme, si j'en avais le pouvoir. Je répliquai modestement qu'une quinzaine de jours me suffirait amplement pour cela. Si j'ajoute qu'à cette époque (1880), l'on me félicitait assez souvent d'être l'un des plus raisonnables parmi les socialistes, vous vous ferez une idée, à la fois de la ferveur de notre conviction et de la légèreté de nos idées pratiques. »

listes ne s'étaient convertis que très tardivement
à la coopération et n'avaient rien ajouté, en fait
de doctrine, aux principes essentiels posés par
les Pionniers de Rochdale.

Un autre théoricien de la coopération, Frey,
disait à peu près la même chose, dans son livre
— *Cooperation at home and abroad* — qui parut
en 1908 :

« Dans leurs dernières créations, les s étés
socialistes ont mis le doigt sur la ligne de l'évolution coopérative suivie dans les autres pays et
n'ont fait par là qu'apporter un nouveau témoignage à l'uniformité essentielle de ce mouvement ».

On peut souscrire à cette appréciation pour
autant qu'il s'agisse de la coopération spécifiquement socialiste, dont le type initial a été le
Vooruit de Gand.

Il est exact, en effet, que les fondateurs du
Vooruit adoptèrent les principes fondamentaux
formulés, dès 1844, par les Pionniers et se bor-
nèrent, sauf quelques retouches de détail, à
décider que les membres de la coopérative
devraient adhérer au Parti Ouvrier et qu'une
partie des bonis serait consacrée à la propagande
socialiste. Cela suffit, d'ailleurs, pour engager la

coopération belge dans des voies entièrement nouvelles.

Mais, ce que les coopérateurs non socialistes devraient ajouter, c'est que les Pionniers de Rochdale, eux-mêmes, et, d'une manière générale, tous les initiateurs du mouvement coopératif furent des socialistes, ou subirent directement l'influence du socialisme.

La vérité est que, socialiste à l'origine, le mouvement coopératif s'est, peu à peu, détaché du socialisme, qu'à un moment donné, les deux mouvements se sont opposés l'un à l'autre, mais que, dans ces dernières années, ils se sont rapprochés à nouveau, et tendent, aujourd'hui, à se rapprocher de plus en plus.

Pour faire saisir les causes de ces variations et montrer leur enchaînement logique, nous devons, à grands traits, rappeler quelle a été l'attitude des principaux représentants de la pensée socialiste, à l'égard de la coopération, depuis Robert Owen et Buchez, jusqu'à Marx et aux socialistes contemporains, en passant par Louis Blanc et Lassalle.

OWEN ET BUCHEZ

Leroy-Beaulieu, pour qui, d'ailleurs, MM. Charles Gide, de Boyve, Holyoake, tous ceux, en un mot, qui se refusent à voir dans la coopération une simple affaire de boutique, sont, en réalité, des socialistes, poursuivant la subversion de l'ordre capitaliste actuel, décrit en ces termes, dans son *Traité d'Économie politique*, les origines socialistes de la coopération :

« Le mot de coopération, au sens où il est actuellement usité en tous pays, se trouve complètement détourné de son acception naturelle et primitive. Quant à son étymologie, il ne pouvait signifier que le concours de divers hommes et de divers éléments pour une œuvre ou pour un résultat commun. C'est aussi dans cette acception que nous l'avons souvent employé.

« Le célèbre et impuissant réformateur Robert

Owen a lancé ce terme dans le monde, en lui donnant une autre signification, qu'il a conservée. La coopération s'entend d'une association d'un genre particulier, reposant plus sur les personnes que sur les capitaux, poursuivant un but non seulement financier, mais moral, ayant des ambitions de palingénésie et de régénération... C'est dans la période de 1820 à 1850, en Angleterre, que des associations de ce genre se constituèrent d'après une certaine théorie et en proclamant bien haut le but qu'elles se proposaient. A la voix d'Owen, il naquit, de 1820 à 1830, quelques *Cooperative Magazines*; on a appelé cette décade, chez nos voisins, la période enthousiaste de la coopération; elle fut suivie de la période socialiste, de 1830 à 1844; enfin, de ce qu'on a nommé la période pratique, à partir de 1844, année qui vit se constituer la célèbre société des *Équitables Pionniers de Rochdale*.

« En même temps qu'Owen et avec bien autrement d'ingéniosité et de ressources intellectuelles, Fourier avait attiré l'attention sur tous les avantages de l'association, notamment pour la conservation et le débit des denrées[1]. »

1. Leroy-Beaulieu, *Traité d'Écon. pol.*, II, 557 et suiv., Paris, F. Alcan, 1896.

On voit que les deux premiers théoriciens de la coopération furent, en même temps, deux des plus grands parmi les premiers théoriciens du socialisme.

M. Gide, il est vrai, conteste que Robert Owen ait vu de bon œil la création de magasins coopératifs de type de Rochdale[1]. Certes, dit-il, ce socialiste, qui fut en même temps un grand patron, a rendu populaire le mot de Coopération. De plus, il a défini admirablement la coopération par cette formule : « Il faut que vous deveniez vos propres marchands et vos propres fabricants... pour vous fournir vous-mêmes avec des marchandises de la meilleure qualité et de plus bas prix ». Mais Owen, préoccupé de réaliser dans ses Cités d'harmonie la coopération intégrale sous la forme du communisme, et, notamment, de la communauté de la terre, s'est toujours montré assez dédaigneux des magasins coopératifs (stores) : tout essai de réalisation partielle, sous forme de boutique, lui paraissait plus propre à discréditer son système qu'à en préparer l'avènement.

Tel fut, en effet, le sentiment d'Owen, lorsque les 28 tisserands de Rochdale prirent l'initiative

---

1. *Les Sociétés coopératives de consommation*, p. 17, 2ᵉ édit., Paris, 1910.

qui devait avoir, par la suite, un si prodigieux succès.

Néanmoins, l'historien des Pionniers, Holyoake et l'auteur de la plus récente biographie de Robert Owen, M. Frank Podmore, sont d'accord pour reconnaître que le mouvement coopératif en Angleterre procède directement d'Owen et qu'il eut, à l'origine, une tendance nettement socialiste.

Tout le monde a lu le petit livre d'Holyoake. Nous citerons plutôt M. Podmore, qui précise quelques détails :

« A la fin de 1843, un comité de tisserands en flanelle de Rochdale — siège d'une branche active de la *Rational Society* (fondée par les Owenites) — s'adressa aux chefs d'industrie pour obtenir une augmentation des salaires et préparer, dans l'éventualité d'un refus, la constitution d'un fonds de grève, en ordonnant de lever une cotisation de 2 deniers par semaine et par membre pleinement occupé au travail. En fait, les patrons répondirent par un refus et le Comité eut à décider si l'on ferait ou si l'on ne ferait pas grève. Tous les membres présents furent d'avis qu'il fallait faire quelque chose. Quelques-uns étaient pour l'agitation politique — la Charte et la Réforme. D'autres voulaient faire revivre les plans coopératifs de la décade précédente. Finalement les socialistes — dont les leaders paraissent avoir été Charles Howarth et William Cooper, tous deux disciples enthousiastes d'Owen — gagnèrent la partie. Ils firent décider que l'on continuerait la souscription hebdomadaire de 2 deniers par membre et que l'on employerait l'argent à créer un fonds commun[1]. »

La Société fut enregistrée en octobre 1844, sous le titre de *Rochdale Society of Equitable Pioneers* et, dès l'origine, les fondateurs tinrent à affirmer qu'ils n'avaient pas seulement pour but d'acheter leur épicerie à bon marché, mais d'arriver au triomphe de cette coopération intégrale dont Robert Owen avait été le prophète.

Tout le monde connaît la déclaration célèbre qu'ils firent à ce sujet et dont le texte a été tant de fois cité. Bornons-nous à rappeler ce passage caractéristique :

« Aussitôt que faire se pourra, la Société procédera à l'organisation des forces de la production, de la distribution, de l'éducation et de son propre gouvernement; ou, en d'autres termes, elle se

---

1. Podmore, *Robert Owen*, II, p. 583, London, 1906.

constituera en colonie autonome (self supporting), où tous les intérêts seront solidarisés (united) et elle viendra en aide aux autres sociétés qui voudraient fonder de semblables colonies[1]. »

Il ne paraît donc pas douteux que le mouvement qui devait aboutir à créer dans le monde des milliers de sociétés, avec des millions de membres et des milliards de chiffre d'affaires, ait eu des origines socialistes, et, sauf à dévier par la suite, des tendances socialistes.

M. Podmore le constate en ces termes :

« C'est un point d'histoire que cet arbre puissant soit sorti de la semence jetée si largement par Owen. Les coopérateurs eux-mêmes n'ont jamais hésité à reconnaître leur dette vis-à-vis du grand socialiste. Tous et chacun le considèrent comme le fondateur de leur mouvement, bien que le maître les ait expressément répudiés, eux et leur idéal, à l'époque de leurs faibles commencements, et, sans doute, je le crains, les répudierait encore, au sommet de leur prospérité. »

Les premières sociétés de consommation n'en sont pas moins sorties de la matrice socialiste.

Quant aux sociétés de production, il est égale-

_____

1. Holyoake, *Histoire des équitables pionniers de Rochdale*, trad. Godin, 3ᵉ édit., p. 11, Gand, 1902.

ment facile de montrer que le mouvement qui les suscita fut, à l'origine, nettement socialiste.

On sait que c'est un Saint-Simonien, Buchez qui, le premier, développa l'idée que la coopération de production pouvait être un moyen efficace d'émancipation ouvrière.

Dès 1831, il avait élaboré les statuts d'une association d'ouvriers menuisiers, dont les membres ne devaient faire d'autres apports que leurs outils et dont l'inspiration était essentiellement communiste. L'association, en effet, administrée par un comité de cinq membres élus, devait être perpétuelle; le fonds social était inaliénable, indivisible et devait s'augmenter indéfiniment par le prélèvement d'une part considérable sur les bénéfices. L'entreprise ne devait pas être un capital possédé par l'ouvrier individuel. Toutes les épargnes étaient abandonnées pour l'amélioration du sort des travailleurs futurs et le développement de l'idée coopérative [1].

Cette association ne fonctionna jamais. Mais, trois ans après, en 1834, les bijoutiers en doré — dont l'association devait rester célèbre dans l'histoire du mouvement coopératif — parvint à se

1. Office du travail, *Les Associations ouvrières de production*, p. 23, Paris, 1897.

constituer sur une base moins altruiste, tout en conservant une forte solidarité.

Au point de vue qui nous occupe il convient de noter que :

1° Buchez, pas plus que, dix ans après, les Pionniers de Rochdale, ne demandait l'intervention de l'État.

2° D'autre part, il limitait l'application de son système aux artisans « dont l'habileté est le principal capital et qui employaient des outils, non des machines ». Ainsi que le fait observer Mrs Webb (Béatrice Potter)[1], Buchez, parisien et littérateur, ne pensait qu'aux ouvriers des métiers d'art et bannissait de ses préoccupations le « fait nouveau » de l'ère naissante du machinisme.

3° Enfin, et c'est peut-être ce qu'il y a de plus intéressant dans sa conception, le premier il émettait l'idée du renoncement définitif des membres de l'association à une part importante des bénéfices sociaux et il proposait l'institution d'un capital collectif, inaliénable et indivisible. Dans ces conditions, la classe ouvrière pourrait, peu à peu, effectuer le rachat de ses moyens de production et, grâce à l'inaliénabilité et à l'indivisibilité,

---

1. *La Coopération en Grande-Bretagne*, p. 127, Paris, 1905.

ce capital « socialisé » serait placé, hors du commerce, à l'abri de l'atteinte des particuliers.

De 1834 à 1848, quelques autres sociétés furent constituées sur le type indiqué par Buchez. Mais c'est seulement depuis 1848 qu'en France, en Allemagne et en Angleterre, on vit éclore un grand nombre de sociétés coopératives de production, dont les tendances socialistes se manifestaient, à la fois, dans leurs statuts organiques et dans le programme de leurs fondateurs ou administrateurs.

Le fait se passe de démonstration pour le mouvement auquel s'attachent les noms de Louis Blanc et de Lassalle.

Mais, en Angleterre même, les associations des producteurs que les « socialistes chrétiens » constituèrent, de 1849 à 1852, sur le modèle des bijoutiers en doré, et dont la plupart, d'ailleurs, ne tardèrent pas à disparaître, se proposaient, elles aussi, de substituer la « fraternité des travailleurs » à la concurrence capitaliste :

« Au point de vue théorique — écrivait plus tard Vansittart Neale — l'idée que nous avons voulu répandre était celle de travailleurs frères, d'une œuvre accomplie par une fraternité d'hommes associés en vue de leur intérêt commun —

conception qui écartait, comme incompatible avec la véritable forme de société, toute pensée de concurrence des uns avec les autres et qui, sans prêcher formellement le communisme, tendait à constituer des établissements industriels animés de sentiments communistes et qui se proposaient, tout en payant des salaires normaux et un intérêt calculé au taux que j'ai indiqué, de consacrer les bénéfices de l'entreprise à des œuvres profitables aux intérêts du groupe dont le travail produisait des bénéfices. »

On voit que si, pour reprendre le mot de M. Gide, les socialistes n'ont rien ajouté, en fait de doctrine, aux principes essentiels posés par les premiers coopérateurs, cela s'explique très aisément par le fait que les premiers coopérateurs eux-mêmes étaient des socialistes. Anseele, en fondant le Vooruit, n'a eu qu'à retourner aux origines, à reprendre la tradition des temps primitifs.

Mais, chez Anseele, la coopération n'est plus qu'*un* des moyens de réalisation du socialisme. Chez les fondateurs des premières sociétés de consommation ou de production, au contraire, c'est *le* moyen, à l'exclusion de tout autre. Ni Fourier, ni Robert Owen ne demandent aux pouvoirs publics d'intervenir dans la création de leurs colonies ou de leurs phalanstères. Et, de même, les bijoutiers en doré, ou les tisserands de Rochdale écartent résolument toute intervention de l'État. La société nouvelle *fara da se.*

Que cette conception purement coopératiste ait été adoptée, au début, par une notable partie du prolétariat socialiste, rien de plus aisément explicable. La grande industrie était encore l'exception. Elle avait, certes, pris quelque développement en Angleterre. Aussi Robert Owen, qui réclamait la limitation légale des heures de travail, est-il plus « étatiste » que Fourier. Néanmoins, les petites entreprises continuaient à dominer, et, dans ces conditions, il n'était pas absurde de penser que les travailleurs, en s'associant, ou en se faisant aider par des philanthropes, parviennent à réunir des capitaux suffisants pour créer de libres communautés.

Mais il n'en fut plus de même lorsque la grande production capitaliste vint créer un abîme entre les travailleurs et les possédants. Les socialistes — Louis Blanc, Lassalle — se mirent à réclamer l'intervention de l'État pour subventionner les associations libres. Puis, faisant un pas de plus, on entreprit la conquête de l'État, pour réaliser l'appropriation collective des moyens de production. Si bien qu'aujourd'hui, ceux qui croient encore que la coopération peut se suffire à elle-même — les coopératistes purs, ou comme disent les Allemands, les *Nur-genossenschaftler* — se recrutent en dehors du socialisme. Ils sont, à soixante-quinze années de distance, les représentants attardés des anciennes écoles coopératives.

LOUIS BLANC ET LASSALLE

Les socialistes, pendant la période qui va de 1848 à la fondation de l'Internationale, continuent à attendre beaucoup de la coopération ouvrière. Tandis qu'en Angleterre le développement des sociétés de consommation se poursuit, d'une manière ininterrompue, mais sans retenir beaucoup l'attention des réformateurs sociaux, en France, et bientôt après en Allemagne, Louis Blanc et Lassalle, s'inspirant, directement ou indirectement, de Buchez, représentent l'association des producteurs comme le moyen le plus efficace d'effectuer la transition entre la société capitaliste, fondée sur la concurrence, et la société de l'avenir, fondée sur la coopération, sur l'association des travailleurs. Mais l'un et l'autre se distinguent de Buchez en ce qu'ils ne croient plus que l'association libre puisse se suffire à elle-

même. On pouvait avoir cette opinion en 1831.
Il était impossible de la maintenir en 1848 ou en
1864. Aussi Louis Blanc, le premier, réclame
l'intervention de l'État en faveur des associations
libres et, après lui, Lassalle, s'appropriant cette
idée, en fait le pivot de son plan de réformes
sociales et oppose la société de production, subventionnée par l'État aux sociétés de crédit ou de
consommation, se réclamant du self help, qu'avait
fondées Schulze Deliztsch.

On sait que les écrits et la propagande de
Louis Blanc, en France, de Lassalle, en Allemagne et dans tous les pays qui ont subi l'influence allemande, ont eu une influence considérable sur l'attitude des socialistes en matière
de coopération. Nous verrons, même, que cette
influence n'a pas cessé complètement de se faire
sentir. Il ne sera donc pas inutile de parler,
avec quelques détails, de leur doctrine coopérative.

I

C'est en 1839 que, dans une série d'articles
publiés par la *Revue du Progrès*, et réunis plus
tard en volume sous ce titre : *l'Organisation de*

travail, Louis Blanc développa, pour la première fois, ses idées sur ce qu'il appelait la « réforme sociale ».

En vue de réaliser son système d' « organisation du travail », il proposait de créer des « ateliers sociaux » fondés d'après les principes suivants :

a) Le gouvernement serait considéré comme le régulateur suprême de la production et investi, pour accomplir sa tâche, d'une grande force.

b) Il lèverait un emprunt, dont le produit serait affecté à la création d'*ateliers sociaux* dans les branches les plus importantes de l'industrie nationale.

c) Les statuts des ateliers sociaux seraient votés et délibérés par la représentation nationale.

d) Seraient appelés à travailler dans les ateliers sociaux, jusqu'à concurrence du capital primitivement rassemblé pour l'achat des instruments de travail, tous les ouvriers qui offriraient des garanties de moralité.

e) Comme l'éducation fausse et antisociale donnée à la génération actuelle ne permet pas de chercher ailleurs que dans un surcroît de rétribution un motif d'émulation et d'encouragement, la différence des salaires serait graduée sur la hiérarchie des fonctions, une éducation toute nouvelle devrait sur ce point changer les idées et les mœurs. Il va sans dire que le salaire devrait, en tous cas, suffire largement à l'existence du travailleur.

f) Pour la première année, le règlement réglerait la hiérarchie des fonctions. Après la première année, il n'en serait plus de même. Les travailleurs, ayant eu le temps de s'apprécier l'un l'autre et tous étant également intéressés, ainsi qu'on va le voir, au succès de l'association, la hiérarchie sortirait du principe électif.

g) On ferait tous les ans le compte du bénéfice net, dont il serait fait trois parts : l'une serait répartie par portions égales entre les membres de l'association; l'autre serait destinée : 1° à l'entretien des vieillards, des malades, des infirmes; 2° à l'allègement des crises qui pèseraient sur d'autres industries, toutes les industries se devant aides et services; la troisième, enfin, serait consacrée à fournir des instruments de travail à ceux qui voudraient faire partie de l'association, de telle sorte qu'elle put s'étendre indéfiniment.

h) Chaque membre de l'atelier social aurait droit de disposer de son salaire à sa convenance; mais l'évidente économie et l'incontestable excellence de la vie en commun ne tarderait pas à faire naître de l'association des travaux la volontaire association des besoins et des plaisirs.

i) Les capitalistes seraient appelés dans l'association et toucheraient l'intérêt du capital par eux versé, lequel intérêt leur serait garanti sur le budget; mais ils ne participeraient aux bénéfices qu'en qualité de travailleurs[1].

On voit qu'à cette époque, dans la pensée de Louis Blanc, il ne s'agissait pas seulement — comme lui-même, et Lassalle après lui, devaient le proposer plus tard — de subventionner des associations libres : l'État devait, dans chacune des principales industries, créer un atelier social, et un seul, lui octroyer une charte, fixer, pour la première année, la hiérarchie des fonctions, être, en un mot, le régulateur suprême de la production. C'était par un acte initial d'autorité que le régime de l'association devait être substitué au régime du patronat, et, par conséquent, pour réaliser cette réforme morale, il fallait, au préalable, réaliser la réforme politique.

Louis Blanc le déclarait expressément dans la préface de son *Organisation de travail*, datée de janvier 1845 :

1. L. Blanc, *Organisation de travail*, p. 119, Bruxelles, 1852.

« Pour donner à la réforme politique de nombreux adhérents parmi le peuple, il est indispensable de lui montrer le rapport qui existe entre l'amélioration, soit matérielle, soit morale de son sort et un changement de pouvoir....

« Mais s'il est nécessaire de s'occuper d'une réforme sociale, il ne l'est pas moins de pousser à une réforme politique. Car, si la première est le *but*, la seconde est le *moyen*. Il ne suffit pas de découvrir des procédés scientifiques propres à inaugurer le principe d'association et à organiser le travail suivant les règles de la raison, de la justice, de l'humanité; il faut se mettre en état de réaliser le principe qu'on adopte et de féconder les procédés fournis par l'étude. Or, le pouvoir, c'est la force organisée. Le pouvoir s'appuie sur des chambres, sur des tribunaux, sur des soldats, c'est-à-dire sur la triple puissance des lois, des arrêts et des baïonnettes. Ne pas le prendre pour instrument, c'est le rencontrer comme obstacle.

« D'ailleurs, l'émancipation des travailleurs est une œuvre trop compliquée; elle se lie à trop de questions, elle dérange trop d'habitudes, elle contrarie, non pas en réalité, mais en apparence, trop d'intérêts, pour qu'il n'y ait pas folie à croire

qu'elle peut accomplir par une série d'efforts
partiels et de tentatives isolées. Il y faut appliquer toute la force de l'État. Ce qui manque aux
prolétaires pour s'affranchir, ce sont les instruments de travail : la fonction du gouvernement
est de la leur fournir. Si nous avions à définir
l'État, dans notre conception, nous répondrions :
L'État est le banquier des pauvres[1]. »

Moins de trois ans après la publication de ces
lignes, la « réforme politique » était, ou, plutôt,
paraissait faite. L'auteur de l'*Organisation de travail* était porté au pouvoir par la révolution de
Février. Louis Blanc et Albert faisaient la première expérience de participation socialiste à un
gouvernement bourgeois. Ce ne fut pas, hélas,
la moins désastreuse !

On sait ce qui advint : l'opposition de Lamar-
tine à ce qu'il fut créé un ministère du Travail;
l'établissement d' « ateliers nationaux » dans le
but, avoué depuis lors, de discréditer les « ateliers sociaux » en les caricaturant[2]; et, pour avoir
l'air d'accorder quelque chose, l'institution, sous
la présidence de Louis Blanc, de la Commission
du Luxembourg, où l'on espérait bien que l'ar-

<hr>

1. *Loc. cit.*, Préface, p. 21 et suiv.
2. Voir Quack, *De Socialisten*, III, p. 476 et suiv.

deur révolutionnaire du prolétariat s'épuiserait en discours et en résolutions platoniques.

Il serait injuste de dire, toutefois, que l'activité de la Commission du Luxembourg ait été absolument stérile.

Sans compter qu'elle fournit, aux principaux représentants de la classe ouvrière et du socialisme, l'occasion d'exposer leurs projets de réforme, elle eut le mérite de formuler elle-même, sur le rapport de Vidal, un programme de réalisations immédiates qui conserve, aujourd'hui encore, un réel intérêt.

Ce programme, en sept articles, prévoyait la création d'un ministère du Travail, avec mission spéciale de préparer la Révolution sociale et d'amener graduellement, pacifiquement, sans secousse, l'abolition du prolétariat. Le ministère du Progrès, d'autre part, serait chargé de racheter, au moyen de rentes sur l'État, les chemins de fer et les mines, de transformer la Banque de France en Banque d'État, de centraliser, au profit de l'État, les assurances, d'établir des entrepôts, où les producteurs et manufacturiers seraient admis à déposer leurs marchandises, contre récépissés pouvant faire office de papier-monnaie, et, enfin, d'ouvrir des bazars correspondant au commerce de détail, de même que des entrepôts correspondraient au commerce en gros. Les bénéfices que les chemins de fer, les mines, les assurances, la Banque rapporteraient à l'État, formeraient le *budget des travailleurs*, représenté par le ministère du Travail. Après prélèvement des sommes nécessaires pour l'intérêt et l'amortissement, ces bénéfices seraient employés : 1° à commanditer des associations ouvrières; 2° à fonder des colonies agricoles. Pour être appelées à jouir de la commandite de l'État, les associations ouvrières et *mutatis mutandis*, les colonies agricoles, devraient être instituées d'après le principe d'une fraternelle solidarité, de manière à pouvoir acquérir en se développant un capital *collectif*, *inaliénable* et *toujours grossissant*. En conséquence, toute association ouvrière, voulant jouir de la commandite de l'État, serait tenue d'accepter, comme bases constitutives de son existence, les principes de répartition suivants : après le prélèvement des salaires, de l'intérêt du capital, des frais d'entretien et de matériel, un quart du bénéfice serait consacré à l'amortissement, un quart à l'entretien des vieillards, des malades, des infirmes, un quart serait partagé entre les travailleurs à titre de bénéfices, le dernier quart allant à la réserve[1].

De ce programme, on ne réalisa que bien peu de chose.

Cependant quelques mesures furent prises en faveur des coopératives de production qui aidèrent à fonder, sous l'influence directe du Luxembourg, un grand nombre de ces associations.

Le décret du 5 juin 1848 attribua 3 millions aux sociétés de production formées, soit exclusivement d'ouvriers, soit de patrons et d'ouvriers. Un autre décret, du 15 juillet 1848, autorisa le ministre des Travaux publics à traiter avec des associations ouvrières de gré à gré.

Ces maigres encouragements n'eussent, sans doute, servi qu'à peu de chose, si la Commission du Luxembourg n'avait pas, en même temps, exercé une action directe pour amener la création d'associations ouvrières.

La première de ces associations fut une association de tailleurs.

Au lendemain même de la révolution de Février, le gouvernement provisoire avait rendu deux décrets qui semblent, à première vue, n'avoir

1. On trouvera le texte de cet avant-projet dans Louis Blanc, *Histoire de la Révolution de 1848*, I, p. 101, Paris, 1870.

qu'un rapport très éloigné avec le sujet que nous traitons en ce moment : il avait aboli la contrainte par corps, et, en second lieu, avait incorporé dans la garde nationale tous les citoyens, en décidant qu'un uniforme serait fourni, aux frais de l'État, à quiconque serait trop pauvre pour en faire lui-même la dépense. Par suite de ces décrets, la prison de Clichy était vide et rien que pour Paris, cent mille uniformes devaient être confectionnés.

C'est alors que Louis Blanc eût l'idée de créer une association de tailleurs, d'obtenir pour elle la commande des cent mille uniformes et de transformer Clichy en atelier.

L'association ainsi créée, adopta, conformément aux théories développées dans l'*Organisation du travail*, et empruntées d'ailleurs à Buchez, le principe de l'égalité des salaires et de la constitution d'un capital collectif. Ce fut un succès. 2 000 travailleurs s'installèrent dans l'ancienne prison. Ils remplirent tous leurs engagements. L'ouvrage commandé fut achevé en temps utile. Un prêt de 11 000 francs, fait par les maîtres tailleurs aux ouvriers associés, se trouva remboursé au bout de peu de temps et, lorsqu'à l'expiration du contrat passé avec la ville de Paris, l'association liquida pour se reconstituer sur des bases moins larges, ce fut avec bénéfice[1].

D'autres associations — il y en eut, à un moment donné, près de deux cents, — ne tardèrent pas à être constituées. 39 d'entre elles, plus 17 sociétés de patrons et d'ouvriers participèrent, jusqu'à concurrence de 2 500 000 francs au fonds de 3 millions. La plupart d'entre elles n'eurent qu'une existence éphémère. En 1855 Reybaud ne trouvait plus, à Paris, que neuf associations ayant été subventionnées sur les fonds de 1848. Elles employaient d'ailleurs, plus d'auxiliaires qu'elles ne comptaient d'associés. En 1863, il ne restait plus que trois de ces sociétés. L'une d'elles — les tailleurs de limes — existait encore, lors de l'enquête faite, en 1897, par l'Office du Travail, sur les associations ouvrières de production[2].

Il n'est pas douteux que des causes politiques — l'hostilité du gouvernement, l'écrasement de l'insurrection de Juin, le coup d'État — aient été, pour beaucoup, dans l'échec des associations fondées en 1848.

Mais Louis Blanc, lui-même, dans une lettre

1. L. Blanc, *La Révolution de 1848*, I, p. 191.
2. Office du Travail de France, *Les Associations ouvrières de production*, Paris, 1897, p. 27.

datée du mois d'août 1849, indiquait d'autres causes, qui devaient, tôt ou tard, amener cet échec.

« Dans ces associations — écrivait-il — créées pour arriver sans secousse à la suppression du régime de concurrence, la concurrence est venue s'établir. A côté d'une maison qui s'ouvrait dans un quartier bien situé, on a vu s'installer une seconde association, puis bientôt une troisième. La clientèle, ainsi dispersée, n'était plus suffisante pour faire vivre trois établissements. Ils tombaient là où un seul aurait prospéré. Ce résultat ne se fut pas produit si la distribution, l'agencement des associations eussent été confiés à des mains prévoyantes, au lieu d'être livrés au hasard et au caprice; si l'on eut suivi partout un plan méthodique, un plan arrêté à l'avance au sein d'une réunion compétente. Le fait est que des associations ne peuvent vivre que par la solidarité. Il faut que s'établisse entre elles le même lien qui existe entre les divers membres de chacune d'elles[1]. »

C'était donc à une intervention plus énergique de l'État qu'au lendemain de 1848, Louis Blanc, fidèle à ses idées premières, faisait appel pour assurer le développement normal des associations

---

1. L. Blanc, *La Révolution de 1848*, I, p. 209, 210.

ouvrières. L'expérience avait été mal faite. Il fallait la refaire dans des conditions plus favorables. Laissée à elle-même, l'association ouvrière était impuissante et vouée à la ruine. Subventionnée par l'État, solidarisée avec ses pareilles, elle serait en mesure de braver, à la fois, les crises de l'industrie et celles de la politique.

Plusieurs années, au surplus, devaient s'écouler, avant que de nouvelles tentatives se fassent. Mais l'échec de 48 ne suffit pas, en tout cas, à détourner la classe ouvrière des associations de production et, en 1863 — au moment même où en France se produisait une nouvelle poussée associationniste — ce fut, en somme, la conception de **Louis Blanc** qui fut reprise par Lassalle et devint, pour un temps, le credo socialiste du prolétariat allemand.

II

Lorsque Lassalle, le 1er mars 1863, écrivit sa fameuse lettre au Comité organisateur du Congrès de Leipzig[1], le mouvement coopératif dont Schulze-Delitzsch avait été l'initiateur en Allemagne était

1. Offenes Antwortschreiben an das Zentralkomitee zur Berufung eines allgemeinen deutschen Arbeiterkongresses zu Leipzig. Dans Ferd. Lassalle's, *Reden und Schriften*, II, p. 409 et suiv. Berlin, 1893.

plutôt un mouvement d'artisans et de petits patrons que d'ouvriers. Il avait commencé, en 1849-1850, par la création de sociétés pour l'achat des matières premières, fondées par des tailleurs, des cordonniers et autres gens de métier. Puis étaient venues les sociétés de crédit, qui ne tardèrent pas à devenir et de beaucoup, les plus nombreuses et les plus importantes. Jusque vers 1860, il n'y eut guère de sociétés de consommation. A partir de cette époque, elles se multiplièrent assez rapidement. Quant aux sociétés de production, Schulze ajournait leur création à des temps meilleurs[1].

Les tendances de ces associations s'étaient affirmées, d'abord, au Congrès international de Bruxelles en 1856, puis au premier Congrès des Économistes allemands qui se réunit à Gotha en 1858. Ce Congrès sur la proposition de Schulze, déclara :

« I. Qu'il reconnaissait en principe que l'institution et la réglementation des associations ne devaient pas être demandées à l'État, mais être le résultat de la libre et propre activité des artisans et des ouvriers.

« II. Que d'après les résultats obtenus en Alle-

____

1. Crüger, Les Sociétés coopératives en Allemagne, *Rev. d'Écon. pol.*, 1892, p. 967 et suiv.

magne, en Angleterre et en France, et les expériences faites jusqu'à présent, il recommandait la création :

« *a.* De sociétés et de caisses de prêts.

« *b.* D'associations industrielles spéciales pour l'achat en commun de matières premières.

« *c.* D'associations de consommation pour l'achat en gros de matières alimentaires ;

« comme d'excellents moyens de relever les artisans et les classes ouvrières dénuées de ressources.

« III. Que, d'après les expériences faites par les sociétés de prêts et les associations pour achat de matériaux bruts, le principe de la responsabilité solidaire illimitée de tous les membres — pour les capitaux empruntés par la société comme telle à des tiers et les épargnes qui lui sont confiées — avait fait pratiquement ses preuves à titre d'excellent moyen de se procurer les fonds d'exploitation nécessaires.

« IV. Qu'au reste, il n'y avait pas lieu de recommander le développement ultérieur de certaines autres espèces d'associations, mais que les tentatives faites dans d'autres directions seraient soumises aux futures délibérations du Congrès, dès qu'elles auraient abouti à des expériences positives. »

On écartait donc les sociétés de production, et les arguments que Schulze faisait valoir pour justifier cette partie de la résolution, doivent être rapportés, d'abord parce qu'ils ont un réel intérêt historique, ensuite parce qu'ils caractérisent, avec une parfaite netteté, la tendance fondamentale du mouvement contre lequel, bientôt, Lassalle allait partir en guerre :

« Le fait — disait Schulze-Delitzsch — qu'elles (les sociétés de production) n'ont pas progressé en Allemagne, malgré les essais tentés, nous engage à conclure que l'état actuel ne leur est pas favorable, qu'il n'est pas arrivé à maturité, qu'il ne faut pas en imputer la cause à un degré inférieur, moral ou technique de nos ouvriers, mais bien plus à l'état où se trouvent l'industrie et la politique; qu'en réalité, l'Angleterre et, en partie même, la France, ont sous ce rapport, sur nous cet avantage que la décomposition des anciennes formes imposées à l'industrie et la suppression des restrictions inhérentes aux corporations s'y sont effectuées beaucoup plus radicalement et depuis beaucoup plus longtemps qu'en Allemagne; enfin qu'une dose de liberté politique des ouvriers est plus grande dans ces pays (en France au moins périodiquement), jointe à un droit de réunion plus large, ont fait que l'esprit d'association s'y est, naturellement, développé beaucoup plus tôt, et qu'une nécessité de fer a agi de son côté pour pousser les ouvriers dans cette voie. Qu'en Allemagne, au contraire, où ce mouvement n'a commencé que plus tard et insensiblement, l'artisan et l'ouvrier tiennent encore avec plus de force à leur isolement, et qu'ils étaient, jusqu'à présent, plus disposés à s'associer en vue des conditions préliminaires d'une production lucrative (formation de capitaux, matériaux bruts, etc.) que pour la production elle-même, parce qu'ils craignent de perdre par là leur indépendance [1]. »

Il s'agissait, en somme, de consolider par le crédit et les facilités d'achat des matières premières, la situation des artisans, ou d'aider, par les mêmes moyens, un certain nombre d'ouvriers à s'établir pour leur compte, bien plutôt que de substituer aux entreprises individuelles, des associations de travailleurs. Et, pour arriver à ce double résultat, on faisait exclusivement appel au *self help*. On repoussait toute intervention de l'État. On restait fidèle aux principes de laissez faire de l'école libérale.

----

1. Crüger, *loc. cit.*, p. 991.

Aussi n'est-il pas étonnant que les coopératives individualistes du type Schulze-Delitzsch, composées avant tout d'artisans, ou d'ouvriers en passe de devenir des artisans, fondées par des hommes dont les opinions étaient également éloignées du conservatisme et du socialisme, aient été — bien que l'on n'y fit pas ouvertement de la politique — des forteresses du parti libéral.

Dans ces conditions on pouvait prévoir que, le jour où des efforts seraient faits pour constituer la classe ouvrière en un parti de classe, la guerre qui éclaterait entre libéraux et socialistes sur le terrain politique serait poursuivie également sur le terrain économique.

C'est ce qui arriva.

La Lettre ouverte de Lassalle fut, à la fois, un réquisitoire contre la politique libérale et une déclaration d'hostilité à la coopération telle que la comprenait Schulze-Delitzsch.

Après avoir affirmé que la classe ouvrière devait s'organiser en parti politique et réclamer, avant tout, le suffrage universel, général et direct, Lassalle abordait la question de la coopération par un hommage rendu à la personne de celui qui allait être, sur ce terrain, son principal adversaire.

Schulze était un libéral et un manchestérien.

Il professait toutes les erreurs et avait tous les préjugés de son parti et de sa doctrine. Mais il était juste d'ajouter que de tous les membres du parti libéral, il était le seul à avoir fait quelque chose pour le peuple. C'était lui, en somme, qui était le père de la coopération en Allemagne et qui avait eu le mérite incontestable de poser devant la classe ouvrière le problème de l'association.

Seulement, la reconnaissance chaleureuse de ces mérites ne devait pas empêcher que l'on se demande si les associations, de crédit, d'achat de matières et de consommation du type Schulze-Delitzsch, étaient de nature à améliorer le sort de la classe ouvrière?

Et, à cette question, Lassalle répondait catégoriquement non, pour les motifs suivants :

1° Pour ce qui concerne les sociétés de crédit ou d'achat de matières premières, elles ne peuvent avoir d'intérêt que pour ceux qui ont déjà une exploitation à leur compte, c'est-à-dire pour les petits artisans; mais elles ne touchent en rien à la condition des ouvriers proprement dits, de ceux qui travaillent dans les ateliers et les fabriques. Au surplus, comme la grande industrie ne cesse de progresser aux dépens des formes archaïques de la production, ces sociétés ne peuvent aider que des travailleurs dont le nombre va décroissant et dont elles n'empêchent pas, d'ailleurs, la décroissance, au fur et à mesure des progrès de la production.

2° Restent les sociétés de consommation, qui, elles, évidemment, s'adressent à l'ensemble des travailleurs. Mais elles sont totalement incapables d'améliorer la condition de cet ensemble et ce pour trois motifs qui, en réalité, n'en font qu'un :

a. L'exploitation, dont les travailleurs sont victimes, les atteint comme producteurs et non comme consommateurs. C'est donc sous le régime de la production qu'il faut agir, si l'on veut, réellement, améliorer leur sort. En tant que consommateurs nous sommes tous approximativement égaux. Nous sommes égaux devant le marchand comme devant le gendarme, pourvu que nous payions. Il est vrai, toutefois, que la classe ouvrière n'ayant que des facultés restreintes de paiement, subit encore un préjudice accessoire par le fait qu'elle doit s'adresser, pour ses achats, à des petits détaillants, qui lui font payer cher le crédit qu'ils accordent. A ce point de vue, les coopératives de consommation peuvent lui être de quelque utilité, sauf à examiner plus loin si cette utilité peut être durable; mais, en tous cas, cette utilité restreinte, qui tend seulement à rendre la situation misérable du prolétariat un peu moins insupportable, ne peut être confondue avec cette amélioration de la condition des travailleurs, que les travailleurs réclament.

b. La *loi d'airain* qui, dans les conditions actuelles, sous le régime de la loi de l'offre et de la demande de travail, régit les salaires, est la suivante : le salaire moyen tend toujours à être réduit au minimum qui, dans un état social déterminé, est considéré par les travailleurs comme indispensable pour vivre et pour se reproduire. Le salaire réel ne peut, d'une manière durable, descendre au-dessous de ce minimum, parce que l'émigration, la diminution du nombre des mariages, l'accroissement de la mortalité des enfants et des adultes et, comme résultat dernier de la misère, la réduction numérique des travailleurs, vient restreindre l'offre de travail. Il ne peut s'élever, d'une manière durable, au-dessus de ce minimum, parce que l'accroissement de la population ouvrière ne tarde pas, en ce cas, à augmenter, au contraire, l'offre de travail.

c. Cela étant, il devient facile de résoudre la question de savoir quelle peut être l'influence des sociétés de consommation sur la condition d'une classe ouvrière soumise à la loi d'airain.

Aussi longtemps que des groupes restreints de travailleurs adhèrent à des sociétés de consommation, le niveau général des salaires n'est pas influencé par celles-ci, et, par conséquent, les coopérateurs bénéficient des avantages qui ont été signalés *sub litt. a.* — Mais, à partir du moment où les coopératives commencent à grouper, de plus en plus, l'ensemble de la classe ouvrière, cette conséquence inévitable de la loi d'airain se fait sentir, que les salaires doivent baisser dans la mesure où les sociétés de consommation abaissent le prix de la vie.

Dès lors les sociétés de consommation ne peuvent, en aucun cas, améliorer le sort de l'ensemble de la classe ouvrière. Elles ne peuvent procurer des avantages à des groupes restreints de travailleurs que si leur exemple n'est pas suivi par la masse. Dès l'instant où la coopération groupe une fraction importante de prolétariat, ces avantages diminuent. Ils se réduiraient à zéro le jour où tous les ouvriers seraient affiliés à des sociétés de consommation.

La classe ouvrière se préparerait donc les déceptions les plus amères, si elle attendait une amélioration réelle et durable de son sort, des sociétés de consommation et des autres formes de coopération créées et prônées par Schulze-Delitzsch.

Est-ce à dire qu'il faille condamner le principe même de l'association?

Point. Mais les travailleurs doivent s'associer en tant que producteurs, et non pas en tant que consommateurs. Ils doivent s'efforcer de devenir leurs propres entrepreneurs, au lieu de se laisser exploiter par des capitalistes chefs d'entreprises :

« La suppression du profit peut se réaliser de la manière la plus simple, la plus légale, la plus pacifique. Il suffit que la classe ouvrière devienne son propre patron, par la création d'associations libres, qui, seules, peuvent l'affranchir de la loi d'airain des salaires, en lui donnant le produit intégral du fruit de son travail.

« Mais comment arriver à ce résultat? N'est-il pas absurde d'engager des ouvriers à créer des sociétés de production dans des industries telles que les chemins de fer, les chantiers de construction de navires, les textiles, où la fondation des entreprises exige des millions?

« Certes, mais c'est le rôle et la mission de l'État de rendre cela possible, de prendre en mains la grande affaire de l'association industrielle des travailleurs et de leur fournir les moyens de s'élever à ce régime d'organisation et d'association autonomes.

« On dit que c'est là du Socialisme ou du Communisme. Erreur. Rien n'est plus éloigné de ce que l'on appelle Socialisme ou Communisme que cette revendication qui laisse à la classe ouvrière sa liberté individuelle, sa manière de vivre individuelle, le droit d'employer à sa guise sa force de travail; et qui ne crée entre elle et l'État d'autres liens que ceux qui résultent de la fourniture du capital ou du crédit à ses libres associations[1]. »

L'intervention de l'État est donc nécessaire, non pour imposer des règles aux associations, dont la liberté doit rester entière, mais pour leur procurer les moyens de vivre et de se développer. On accorde des garanties d'intérêt aux entreprises capitalistes de chemins de fer. Pourquoi n'aiderait-on pas de même les associations de travailleurs?

Mais pour que cette intervention de l'État se produise, il faudra que l'État actuel subisse, au

1. Offene Antwort, Ferd. Lassalle's, *Reden und Schriften*, II, p. 431, Berlin, 1893.

préalable, l'influence des classes ouvrières; et, à cet effet, les travailleurs, organisés en parti distinct, doivent, avant tout, conquérir le Suffrage universel :

« Vous n'avez rien à espérer — écrivait Lassale — d'une opposition dont le programme est une constitution octroyée par le souverain et mille fois violée par le gouvernement, d'une opposition assez peu soucieuse de sa dignité pour discuter encore avec un ministre qui se moque ouvertement du régime parlementaire et du droit constitutionnel. Mettez à profit votre droit de réunion, et formez un parti vraiment populaire, aussi indépendant des libéraux que des Junker. Que votre programme politique soit la réforme électorale, le suffrage universel et direct. Une fois maîtres de la législation, vous pourrez alors entamer la réforme sociale. Et, en attendant que vous soyiez la majorité, instruisez-vous, éclairez-vous sur vos intérêts matériels et moraux[1]. »

La « Lettre ouverte » eut un grand retentissement. Les économistes libéraux ne manquèrent pas d'y répondre. Schulze-Delitzsch, notamment, publia un *Catéchisme des travailleurs* qui conte-

1. Offene Antwort, *loc. cit.*, p. 443.

nait, à côté des lieux communs de l'économie politique courante, une critique, en grande partie fondée, des projets de réforme de son adversaire. Lassalle répliqua par de nombreux discours et par un pamphlet assez lourd — *Herr Bastiat Schulze-Delitzsch* — où il accablait de sarcasmes et d'injures celui que, deux ans auparavant, il appelait le Père de la Coopération en Allemagne.

Nous n'insisterons pas sur cette polémique, dont l'intérêt est en grande partie périmé.

Le mouvement créé par Schulze-Delitzsch est resté, en somme, ce qu'il était au début : un mouvement petit bourgeois. Les sociétés de crédit ou d'achat de matières premières ont prospéré et se sont multipliées. Mais, au point de vue de la coopération ouvrière, les résultats ont été plutôt maigres. Actuellement (pour 1911), l'Union générale des sociétés coopératives allemandes, ancienne Union dite Schulze-Delitzsch, ne compte plus que 270 437 membres, dont 30 p. 100 à peine d'ouvriers industriels, tandis que l'Union centrale de Hambourg, le Zentral-Verband, auquel se rattachent les coopératives politiquement neutres, mais composées en majorité de socialistes, comptent 1 171 763 membres, dont la plupart sont des ouvriers.

Quant à Lassalle, sa « Lettre ouverte » est, dans l'histoire du socialisme, un fait de première importance, car c'est de sa publication que date le mouvement d'agitation ouvrière qui devait aboutir, par l'Association générale des Travailleurs, à la constitution de la social-démocratie allemande. Mais, en attirant l'attention des ouvriers sur la nécessité de l'action politique, en attribuant à celle-ci une importance prépondérante, il contribua, dans une large mesure, à les détourner de l'action coopérative, pour ne point parler de l'action syndicale. S'il était vrai, en effet, que sous le régime de la production capitaliste, la loi d'airain des salaires réduisait fatalement ceux-ci au minimum indispensable pour vivre, à quoi bon créer des coopératives? Seule la conquête politique du pouvoir permettrait d'inaugurer une ère nouvelle en mettant la puissance de l'État au service de la réforme sociale, afin de l'orienter vers le triomphe intégral du socialisme.

Nous avons vu, en effet, que, dans la pensée de Lassalle, l'intervention de l'État en faveur des associations ouvrières n'est pas du socialisme, mais seulement un premier pas dans le sens du socialisme.

Il insiste sur ce point, dans *Bastiat Schulze-Delitzsch* :

« La division du travail — dit-il [1] — est déjà en elle-même le travail en commun, l'association pour la production. Il suffirait, par conséquent, de supprimer dans toute la production les avances individuelles de capitaux — qui sont cause, nous l'avons prouvé plus haut, que les profits de la production et ce que le travailleur produit en sus de sa propre consommation, passent dans les mains de l'entrepreneur; — il faudrait organiser le travail en commun, avec les avances faites en commun par la société, et répartir les fruits de la production entre ceux qui y ont coopéré, les distribuer en raison des travaux accomplis.

Le *moyen de transition* le plus aisé et le plus modéré, ce sont les associations productives de travailleurs avec le crédit de l'État... (Ici quelques injures à l'adresse de Schulze-Delitzsch), c'est le moyen le plus modéré, dis-je; mais, ainsi que je l'ai fait observer dans mon *Arbeiterlesebuch*, ce n'est pas la « solution de la question sociale » (celle-ci sera l'œuvre de plusieurs générations);

1. Lassalle, *Herr Bastiat Schulze-Delitzsch oder Kapital und Arbeit. (F. Lassalle's Reden und Schriften*, III, Band, p. 220, Berlin, 1893).

c'est le grain de sénevé d'où sortira irrésistible-
ment le développement futur, sans que rien ne
puisse en arrêter l'essor. »

Le crédit aux associations n'était donc pas,
pour Lassalle, un point d'arrivée, mais un point
de départ; non pas un but, mais un moyen.

Il y avait beaucoup à dire sur la valeur de ce
moyen. Mais tout fut dit pendant les dix années qui
suivirent la publication de la « Lettre ouverte »;
et, en 1875, lorsque la social-démocratie allemande, désormais unifiée, formula le célèbre programme de Gotha, les associations ouvrières de
production créditées par l'État ne furent men-
tionnées que dans la mesure nécessaire pour
obtenir l'adhésion des Lassalliens.

Par contre, et malheureusement, de longues
années devaient s'écouler encore avant que le
prolétariat allemand abandonne ses préventions
contre les sociétés de consommation. On ne
croyait plus aux sociétés de production. Mais on
croyait à la loi d'airain. Et, d'ailleurs, nous
verrons que les idées de Marx sur la coopération
n'étaient pas plus que les idées de Lassalle, faites
pour favoriser l'essor du mouvement coopératif,
discrédité, aux yeux des travailleurs socialistes,
par la propagande de Schulze-Delitzsch. Il fallut le

succès des coopératives belges, en même temps que la formation spontanée d'un milieu économique plus favorable à la coopération, pour que les leçons de la pratique aient raison des résistances de la théorie. Mais il est juste d'ajouter que, depuis lors, la social-démocratie allemande a eu vite fait de rattraper le temps perdu.

En somme, pendant la période qui va de 1848 à la fondation de l'Internationale, les socialistes n'attachent d'importance qu'aux sociétés de production, et encore à la condition que, pour les créer, l'État supplée à l'insuffisance des ressources et des initiatives ouvrières.

Quant aux sociétés de consommation, on les ignore, ou on les condamne. Si Louis Blanc se borne à n'en pas parler, Lassalle les déclare totalement impuissantes à relever, d'une manière générale et durable, le niveau d'existence du prolétariat.

Nous verrons bientôt que Marx, avec moins de rigidité théorique, partagea cet avis. Mais, de plus, il finit par professer, à l'égard des sociétés de production, le scepticisme le plus complet et se déclarer nettement hostile au système Lassallien des associations subventionnées ou créditées par l'État.

D'ailleurs, avant qu'il eut pris position à cet égard, et dès l'instant où Louis Blanc et Lassalle avaient exposé leur plan de réforme sociale, ils avaient rencontré, dans les milieux socialistes, d'âpres contradictions.

En Allemagne, où Lassalle proposait de subventionner ou de créditer les associations, mais sans leur imposer des statuts organiques, Rodbertus s'était attaché à montrer et n'avait pas eu de peine à établir que de telles associations, dans le milieu capitaliste, tendraient fatalement, par le fait même de leur concurrence, à prendre un caractère capitaliste.

En France, au contraire, où Louis Blanc voulait subordonner les avances de l'État à l'acceptation de certains principes d'organisation et de répartition des bénéfices, Proudhon reprochait à ce système de porter atteinte à la liberté individuelle des travailleurs, d'exploiter, sous prétexte d'égalité et de fraternité les associés les plus actifs et les plus capables, de prétendre imposer par décret le sacrifice et le dévouement.

En 1851 déjà, dans l'*Idée générale de la Révolution au XIXe siècle*, il avait fait, en termes acerbes, le procès des associations dites du Luxembourg [1].

1. 2ᵉ édit., p. 96 et suiv., Paris, 1851.

Il y revint, avec plus de sérénité et de pondération, dans son dernier ouvrage, qui parut après sa mort, en 1865 : *La capacité politique des classes ouvrières*.

« Certes — écrivait-il — l'association, envisagée par son beau côté, est douce et fraternelle : à Dieu ne plaise que je la déshonore aux yeux du peuple!.. Mais l'association par elle-même, et sans une pensée de Droit qui la domine, n'en est pas moins un lien fortuit, basé sur un pur sentiment physiologique et intéressé; un contrat libre et résiliable à volonté; un groupe limité dont on peut dire toujours que les membres, n'étant associés que pour eux-mêmes, sont associés contre tout le monde... De quoi s'agissait-il, par exemple, pour les associations ouvrières, d'après le système du Luxembourg? De supplanter, par la coalition des ouvriers et avec les subventions de l'État, les associations capitalistes, c'est-à-dire toujours de faire la guerre à l'industrie et au commerce libres, par la centralisation des affaires, l'agglomération des travailleurs et la supériorité des capitaux. Au lieu de cent ou de deux cent mille patentés qu'il existe à Paris, il n'y aurait plus qu'une centaine des grandes associations, représentant les diverses branches d'industrie ou du commerce, où la population ouvrière eût été enrégimentée et définitivement asservie par la raison d'État de la fraternité, comme elle tend, en ce moment à l'être, par la raison d'État du capital. Qu'y auraient gagné la liberté, la félicité publique, la civilisation? Rien. »

A cet associationnisme d'État, Proudhon opposait le principe de la « mutualité », qui est, en matière d'association, de n'associer les hommes qu'autant que les exigences de la production, le bon marché des produits, les besoins de la consommation, la sécurité des producteurs eux-mêmes, le requièrent.

S'agit-il de la grande production manufacturière, extractive, métallurgique, maritime? Il est clair que là il y a lieu à association. Personne ne le conteste plus. S'agit-il encore de l'une de ces grandes exploitations qui ont le caractère de service public, telles que les chemins de fer, les établissements de crédit, les docks? Dans ce cas également, il est de toute évidence que la garantie de bonne exécution et de bon marché ne peut être donnée, ni par des compagnies à monopole, ni par des communautés patronnées par l'État, pour le compte de l'État. Cette garantie ne peut venir que de sociétaires libres, engagés, d'une part, envers le public par le contrat de mutualité et les uns envers les autres par le contrat ordinaire d'association. S'agit-il enfin, de ces mille métiers et commerces qui existent en si grand nombre dans les villes et jusque dans les campagnes? « Là je ne vois plus la nécessité, l'utilité de l'association. Je la vois d'autant moins que le fruit que l'on pourrait s'en promettre est acquis d'ailleurs par l'ensemble des garanties mutuellistes, assurances mutuelles, crédit mutuel, police des marchés, etc. Je dis plus : ces garanties prises, il y a plus de sûreté pour le public, dans les cas dont nous parlons, à traiter avec un entrepreneur unique, qu'avec une compagnie[1]... »

L'individualisme proudhonien conclut donc contre le Socialisme ou l'Associationnisme d'État de Louis Blanc. Nous allons montrer, maintenant que, pour d'autres motifs d'ailleurs, le communisme de Marx aboutit, contre l'associationnisme de Lassalle, à la même conclusion.

---

1. Proudhon, *De la capacité politique des classes ouvrières*, p. 167 et suiv., Paris, 1865.

§ 3.

MARX

Ainsi que le fait observer Bernstein[1], Marx ne s'est jamais occupé d'une manière approfondie de la question des coopératives, et cette abstention même suffit à montrer le peu d'intérêt qu'il y attachait au point de vue socialiste.

Pour Marx, en effet, qui avait vu l'énorme développement de la grande industrie anglaise, il était hors question que le prolétariat puisse encore se rendre maître de ses moyens de production, soit par la coopération libre, soit même — comme le voulaient Louis Blanc et Lassalle — par la coopération subventionnée. Le *self help* ou l'aide de l'État ne pouvait plus suffire. Il fallait s'emparer de l'État, établir la dictature

1. Bernstein, *Die Voraussetzungen des Sozialismus und die Aufgaben der Sozial-demokratie*, p. 96 et suiv., Stuttgart, 1899.

collective du prolétariat et s'en servir pour mettre fin au régime capitaliste.

Aussi la pratique marxiste est-elle, en premier lieu et principalement, politique. Son but est la conquête du pouvoir par les travailleurs. Et, pour le surplus, elle n'accorde guère d'importance qu'au seul mouvement syndical, comme étant une forme directe de la lutte des classes. Quant à la coopération, elle a, tout au plus, une valeur expérimentale, encore que très limitée. Pour Marx, en somme, il n'y a que les moyens généraux qui soient réellement efficaces.

C'est ce qu'il affirme nettement dans le *18 Brumaire de Louis Bonaparte*, publié en 1852. Il y parle avec un suprème dédain de socialisme à la Louis Blanc et décrit en ces termes l'action du prolétariat français, après la défaite de Juin qui, suivant son expression, le fit passer à l'arrière-plan de la scène révolutionnaire :

« Il se jette en partie dans des expériences doctrinaires, banque d'échange et associations ouvrières; il entre dans un mouvement où il renonce à bouleverser le vieux monde à l'aide des puissants moyens généraux qui lui sont propres; il préfère essayer d'effectuer son affranchissement à l'insu de la société, à l'aide d'entreprises privées, dans les limites restreintes de ses conditions d'existence; aussi échoue-t-il nécessairement[1]. »

Plus tard Marx modifia quelque peu son jugement sur les associations coopératives. Cette modification se marque, entre autres, dans les résolutions sur la coopération, présentées aux premiers Congrès de l'Internationale (Genève et Lausanne), par le Conseil général, où prédominait son influence.

Eccarius, son disciple dévoué, soutint que le mouvement coopératif s'il voulait signifier quelque chose pour le socialisme, devait être élargi : on devait se rendre compte que la coopération ne pourrait donner de résultats importants que lorsque toute la société serait réorganisée et que la puissance de l'État, enlevée aux capitalistes et aux propriétaires fonciers, serait conquise par les travailleurs. Ce n'était pas une raison, toutefois, pour se désintéresser des coopératives, et, spécialement des coopératives de production.

La résolution qui fut admise, conformément à

1. Marx, *La lutte des classes en France* (1848-1850). *Le 18 brumaire de Louis Bonaparte*, trad. fr., p. 204, Paris, 1900.

ce rapport que Marx avait approuvé, était ainsi conçue :

« Nous recommandons aux ouvriers de beaucoup plus s'occuper de la coopération productive que des magasins coopératifs. Ces derniers ne touchent que la surface de la société économique actuelle, tandis que les premières l'attaquent dans ses bases... Pour éviter que des sociétés coopératives ne dégénèrent en de simples sociétés de commandite bourgeoise, il faudrait que tous les travailleurs par elle occupés, qu'ils soient ou non actionnaires, reçussent une part égale. Comme mesure temporaire seulement on pourrait payer aux actionnaires un intérêt modéré. »

A la même époque (1865), Marx rédigeait ce passage du *Capital* (vol. III), qui se rapporte à la même question :

« Même les fabriques coopératives créées par les ouvriers sont distinctives de l'ancienne forme (le capitaliste opérant lui-même) bien que leur organisation doive nécessairement reproduire partout tous les défauts du système existant. *Elles suppriment cependant l'antagonisme entre le capital et le travail, étant donné que les ouvriers y sont eux-mêmes capitalistes et y appliquent les moyens de production à la mise en valeur de leur propre capital.* Elles montrent comment, à un stade déterminé du développement des forces productives et des formes de production que la société y fait correspondre, un mode de production doit naturellement donner naissance à un autre. Sans la fabrique capitaliste, la fabrique coopérative n'aurait pas pu se développer. Et de même le système capitaliste du crédit lui a été nécessaire, car celui-ci n'est pas seulement la base principale de la transformation de l'entreprise capitaliste privée en société capitaliste par actions, mais également un moyen de développement des entreprises coopératives. *Les sociétés capitalistes par actions sont, comme les fabriques coopératives, des formes intermédiaires de la transformation de la production capitaliste en production associée; seulement, les unes résolvent l'antagonisme entre le capital et le travail négativement et les autres positivement[1].* »

Dans tout cela, il n'est guère parlé que des sociétés de production. On ne parle des coopératives de consommation que pour les déclarer d'importance secondaire, et, à leur égard, Marx se montre à peine moins hostile que Lassalle.

____

1. Band III, p. 427.

Mais de plus, par la suite, lorsque les échecs des sociétés de production se multiplient, il devient, à leur endroit, de plus en plus sceptique et finit par se prononcer nettement contre l'idée lassallienne des sociétés de production créditées ou subventionnées.

On sait que le programme de Gotha (1875), qui fut un compromis entre Marxistes et Lassalliens, dans le but de faire l'unité socialiste en Allemagne, s'exprimait, comme suit, au sujet des coopératives de production :

« Le parti ouvrier socialiste d'Allemagne réclame, pour conduire à la solution de la question sociale, l'établissement de coopératives de production avec l'aide de l'État, sous le contrôle démocratique de la classe ouvrière. Les associations de producteurs, pour l'industrie et l'agriculture, doivent être appelées à la vie dans des conditions de développement telles que l'organisation socialiste du travail puisse en sortir[1]... »

C'était, comme l'a dit Bernstein, soumettre l'application des idées de Lassalle à des conditions « impossibilistes ».

Marx, cependant, trouva que c'était encore

1. Bernstein, *loc. cit.*, p. 96.

trop. Dans sa célèbre lettre à Wilhelm Bracke, du 5 mai 1875, après une critique acerbe des autres points du nouveau programme, il s'éleva contre le vague de cette expression « la question sociale », demanda si les associations de producteurs seraient placées aussi sous le contrôle démocratique des paysans, et feignit de s'étonner que l'on eût éprouvé le besoin de réchauffer cette vieille conception de Buchez (?) : des associations de producteurs avec l'aide de l'État.

Il ne faut pas s'étonner, dans ces conditions, que par la suite, lorsque l'élément marxiste prit définitivement le dessus en Allemagne, la social-démocratie se montra de plus en plus réservée à l'égard des sociétés de production. Elle garda les préventions de Lassalle contre les coopératives de consommation, mais, en outre, elle s'attacha à combattre chez les travailleurs cette idée que les coopératives de production, elles-mêmes, « seraient capables d'exercer une influence sur les conditions de la production capitaliste, de relever les ouvriers comme classe, et de supprimer ou d'adoucir la lutte des classes sur le terrain politique ou syndical [1] ».

1. Voir *infra*, p. 98, Résolutions du Congrès de Berlin, 14-21 novembre 1892.

Partout, d'ailleurs, où l'influence de Marx se fit sentir, elle se marqua, dès l'abord, par un recul, nous ne disons pas de la coopération, mais de coopératisme.

En France, surtout, où, après la chute de l'Internationale et la défaite de la Commune, un groupe assez nombreux de prolétaires s'était raccroché à l'idéal coopératif de 1848, les collectivistes qui avaient été à l'école de Marx inaugurèrent leur propagande par une attaque en règle contre les « coopérateurs ».

En 1876, le premier Congrès ouvrier français, réuni à Paris, avait déclaré que « le principe vital qui devait régénérer les travailleurs était sorti des nuages de l'utopie : c'était l'association », et affirmé que « la question de l'affranchissement des travailleurs trouverait sa solution dans le principe de l'association coopérative[2] ».

Au deuxième Congrès (Lyon 1878), la majorité se prononça encore dans le même sens et adopta la résolution suivante :

« Considérant que le salariat n'est qu'un état transitoire entre le servage et un état innommé, les chambres syndicales devront tout mettre en

1. L. Blum, *Les Congrès ouvriers et socialistes français*, 1876-1885, p. 13, Paris, 1901.

œuvre pour l'établissement de sociétés générales de consommation, de crédit, de production, appuyées sur un contrôle sérieux, dont l'absence est la cause des insuccès passés[1]. »

Mais cette résolution fut vivement critiquée par la minorité collectiviste présente au Congrès, et c'est au nom de celle-ci qu'un des délégués, Dupire, de Paris, donna lecture d'un manifeste d'où il est intéressant d'extraire ce passage, évidemment inspiré par les théories de Marx :

« La société moderne est divisée en deux classes : les exploités et les exploiteurs; ceux qui travaillent sans posséder, ceux qui possèdent sans travailler. D'où provient cet état des choses? De l'antagonisme des intérêts. Comment peut-on y porter remède? En substituant le principe de la solidarité universelle au principe de l'antagonisme général. C'est précisément ce qu'avaient tenté les coopérateurs. Mais l'expérience de ces dernières années témoigne, en fait, des échecs de l'idée coopérative; et, théoriquement, la coopération ne révèle aucune des propriétés nécessaires à la solution du problème social. La coopération généralisée n'aboutirait nullement à

1. L. Blum, *loc. cit.*, p. 20 et suiv.

l'émancipation totale des travailleurs, mais à l'exploitation des travailleurs par quelques catégories corporatives ou par quelques individus. Il n'existe qu'une solution efficace : c'est de décider que le sol, les matières premières, l'outillage industriel, qui sont la garantie même de l'existence matérielle des sociétés, ne sont pas susceptibles de propriété individuelle et doivent rester la propriété collective et inaliénable de la société... »

Repoussée au Congrès de Lyon, cette doctrine devrait triompher, dès l'année suivante, au troisième Congrès ouvrier socialiste (Marseille, 1879).

Après de longs débats, au cours desquels le positiviste Finance et les Guesdistes se trouvèrent d'accord pour combattre les théories coopératistes, le Congrès se prononça en faveur de l'appropriation collective des moyens de production, et, en ce qui concerne la coopération, vota l'ordre du jour suivant :

« Considérant qu'il résulte des discours prononcés pour les différents orateurs

« 1º Que le travailleur ne peut pas, par son salaire, équilibrer son budget;

« 2º Que par conséquent, toute économie étant d'une impossibilité absolue, il ne peut atteindre, par le rachat, le but social, qui est la possession des instruments de travail...

« 3° Que les sociétés de production ou de consommation ne peuvent améliorer que le sort d'un petit nombre de privilégiés dans une faible proportion ;

« Le Congrès,

« Déclare que les sociétés coopératives ne peuvent aucunement être considérées comme des moyens assez puissants pour arriver à l'émancipation du prolétariat ;

« Que, néanmoins, ce genre d'associations, pouvant rendre des services comme moyens de propagande, pour la diffusion des idées collectivistes et révolutionnaires, dont le but est de mettre les instruments de travail aux mains des travailleurs, il doit être accepté au même titre que tous les autres genres d'association, dans le seul but d'arriver le plus vite possible à la solution du problème social par l'agitation révolutionnaire la plus active[1]. »

Ajoutons que c'est au même Congrès de Marseille que fut constitué le Parti socialiste français, sous le titre de : Fédération du parti des travailleurs socialistes de France.

1. L. Blum, *loc. cit.*, p. 36.

Nous arrivons ainsi au dernier terme de l'évolution qui, durant un demi-siècle, tend à différencier et même à opposer l'un à l'autre, le mouvement coopératif et le mouvement socialiste. Ils se confondent à l'origine, chez Owen, chez Buchez, chez les Pionniers de Rochdale, qui veulent, par la coopération, réaliser le socialisme. Ils commencent à diverger, lorsque Louis Blanc, Lassalle, et, en Angleterre, les socialistes chrétiens à leurs débuts, condamnent ou rejettent à l'arrière-plan les coopératives de consommation et placent toutes leurs espérances dans les coopératives de production. Le divorce se consomme enfin, en Allemagne comme en France, dès l'instant où le scepticisme à l'égard des sociétés de production vient s'ajouter au dédain pour les sociétés de consommation. Partout, d'ailleurs, l'organisation du socialisme en parti, l'affirmation des principes collectivistes, s'accompagnent de la condamnation, ou du moins de la sous-évaluation du mouvement coopératif. On admet, avec bien des réserves du reste, que les coopératives peuvent procurer aux travailleurs quelques avantages matériels, mais, en somme, on s'en désintéresse, et, peut-être, les eût-on traitées plus mal encore, si l'on n'avait pas eu le souci de ménager les ouvriers qui en faisaient partie.

Mais, pendant que sur le continent, les idées coopératives subissaient une éclipse, dans leur pays d'origine, au contraire, le mouvement, et surtout le mouvement des sociétés de consommation ne cessait de croître. A partir de 1860, surtout, une formidable poussée s'était produite. La Wholesale de Manchester avait été fondée en 1864. Celle de Glasgow en 1868. De plus en plus, il apparaissait que les sociétés de consommation, groupées en magasins de gros, étaient infiniment plus importantes, au point de vue même de la production, que les sociétés de production elles-mêmes. Bref, le moment devait venir où les socialistes du continent, en présence des résultats obtenus par la coopération anglaise, devraient se préoccuper de rétablir le contact entre le mouvement coopératif et l'ensemble du mouvement ouvrier.

Ce fut le coup de génie d'Édouard Anseele d'avoir été l'un des premiers à le comprendre, et c'est pourquoi la fondation de Vooruit, en 1881, est, dans l'histoire de la coopération, une date aussi importante, peut-être, que celle de la fondation des Pionniers de Rochdale.

CHAPITRE II

LES RAPPORTS ENTRE LE SOCIALISME ET LA COOPÉRATION : CE QU'ILS SONT

Lorsque fut fondé le Vooruit, les ouvriers belges, qui ont toujours été peu soucieux de controverses théoriques, ne se doutaient certes pas que la coopérative gantoise, créée par Anseele, Van Beveren et leurs amis, avec un capital de quelques centaines de francs, était destinée à produire, quelque vingt ans après, une véritable révolution dans l'attitude du socialisme international vis-à-vis du mouvement coopératif.

Le parti socialiste, qui n'était pas encore constitué nationalement, avait besoin de ressources. La population ouvrière gantoise, dont les salaires étaient très bas, avait besoin de pain à bon marché. C'est pour répondre à ce double besoin que l'on fonda le Vooruit.

Du point de vue coopératif, d'ailleurs, la coopérative nouvelle ne différait pas sensiblement du type de Rochdale, caractérisé, comme on le sait, par ces trois règles :

a) Vente au prix courant et au comptant.

b) Restitution des trop perçus aux membres consommateurs, au prorata de leurs achats.

c) Égalité de tous les associés dans le gouvernement de la société et pleine liberté pour chacun d'entrer et de sortir.

Seulement, elle n'admettait parmi ses membres que des adhérents au programme socialiste, qui devenaient *ipso facto* membres du Parti ouvrier, et si, d'une part, elle n'accordait pas d'intérêts au capital-actions, d'autre part — et c'était l'innovation essentielle — au lieu de ristourner aux membres la totalité des trop perçus, elle en consacrait une notable partie à des utilisations collectives : œuvres de solidarité ou d'éducation, secours en nature ou en argent en cas de grève, subventions au Parti pour la propagande ou les luttes électorales.

Ainsi comprise, la coopération prenait un caractère tout différent de celui qu'elle avait eu jusqu'alors. Elle ne faisait plus appel à tous les consommateurs, sans distinction de classes ou d'opinions, mais aux seuls socialistes. Elle ne se proposait plus seulement de fournir à ses membres des marchandises à bon compte : son but le plus apparent devenait, au contraire, de fournir des ressources à la propagande, d'aider le prolétariat dans sa lutte contre le capitalisme, ou, pour reprendre le mot d'Anseele, de bombarder la société bourgeoise à coups de pommes de terre et de pains de quatre livres.

Pareille entreprise, qui ajoutait aux difficultés inhérentes à la coopération, tous les obstacles et les résistances auxquels se heurte un mouvement de classe, semblait, *a priori*, devoir donner beaucoup moins de résultats que la coopération neutre. Ce fut le contraire qui advint. La coopération belge, neutre jusqu'alors, n'avait fait que végéter. Elle prit, au contraire, un vigoureux essor sous l'impulsion du socialisme. Le Vooruit devint un modèle pour les coopérateurs de la Belgique entière. D'autres sociétés, et parmi elles, en première ligne, la Maison du Peuple de Bruxelles ou le Progrès de Jolimont, se constituèrent sur les mêmes bases, et d'après la dernière statistique parue, les coopératives socialistes belges, au

31 décembre 1910, étaient au nombre de 201, faisant pour 45 millions de ventes et comptant, au total, 157 000 membres [1].

Certes, toutes les coopératives socialistes ne font pas, proportionnellement à leur importance, les mêmes sacrifices que la Maison du Peuple de

1. Pour donner une idée, par un exemple concret, de l'importance des prélèvements que les grandes coopératives belges font pour la propagande socialiste et les œuvres de solidarité, donnons cet extrait des derniers bilans de la Maison du Peuple de Bruxelles :

Débit.	1910-11	1909-10
	Francs.	Francs.
Pains aux malades	20 727,50	23 999,32
Médico-Pharmaceutique	108 081,12	96 288,41
Propagande	68 003,49	68 505,78
Amortissements sur immeubl., mobiliers, matér.	90 000,09	90 000,00
Solde à répartir	431 177,27	425 209,06
Totaux	720 689,63	701 002,57

Crédit.	1910-11	1909-10
	Francs.	Francs.
Excédent sur Boulangeries	516 965,13	517 002,72
— Marchandises diverses	86 872,65	67 455,59
— Charbons	41 117,65	38 118,35
— Confections et nouveautés	51 109,79	41 212,03
— Maison du Peuple (Cafés)	8 130,07	5 895,57
— Boucheries	6 860,27	12 678,43
— Cinématographe	9 933,57	14 911,88
Totaux	720 989,13	701 002,57

Répartition des bénéfices.	1910-11	1909-10
	Francs.	Francs.
Affectation à la réserve	10 000,00	10 000,00
Part du personnel	18 021,72	17 600,08
A distribuer en Boulangeries	315 152,55	310 108,98
6 p. 100 en Épiceries	48 000,00	41 000,00
5 p. 100 en Confections et Nouveautés	21 000,00	21 000,00
5 centimes par sac en Charbons	16 500,00	16 000,00
2 p. 100 en Boucheries	5 500,00	6 500,00
Totaux	431 177,27	425 209,00

Bruxelles. D'une manière générale, et sauf de notables exceptions, les petites sociétés sont beaucoup plus envahies par des préoccupations mercantiles que les grandes. Mais toutes, pour le moins, contribuent à la propagande socialiste en payant les affiliations de leurs membres au Parti et en mettant gratuitement des locaux à la disposition des syndicats et des groupes politiques. C'est ainsi qu'une très grande partie des 90 000 francs que la Maison du Peuple de Bruxelles a consacrés en 1909 et en 1910 à l'amortissement de ses immeubles, représente encore, pour une large part, une subvention indirecte au Parti ouvrier.

Il n'est pas douteux que le succès des coopératives belges du type Vooruit ait été pour beaucoup dans le revirement qui s'est produit en faveur de la coopération dans les milieux socialistes, vers la fin du siècle dernier.

Nous en trouvons, notamment, le témoignage chez Bernstein :

« Je me souviens encore — écrivait-il en 1900 — avec quel sentiment de pitié théoricienne j'écoutais, en 1881, mon ami Louis Bertrand, de Bruxelles, lorsqu'au Congrès de Coire, il se mit à parler de coopération. Comment un homme intelligent pouvait-il encore attendre quelque chose d'un semblable moyen? Mais, lorsqu'en 1883, je visitai ensuite le Vooruit, à Gand, la boulangerie me fit voir déjà un peu plus clair là-dedans. On y vendait aussi un peu de lingerie et des chaussures, et je n'y vis pas grand mal. Mais, lorsque les organisateurs du Vooruit me parlèrent ensuite de leurs nouveaux projets, je me disais en moi-même : mes pauvres gens, vous allez vous ruiner. Or, ils ne se sont pas ruinés; ils ont continué, clairvoyants et tranquilles, et ils ont créé une coopérative dont la forme répond aux conditions de leur pays, qui s'est montrée de la plus haute valeur pour le mouvement ouvrier en Belgique, et qui a formé le noyau solide autour duquel les éléments jusque-là épars dans le mouvement se sont cristallisés [1]. »

Certes, les coopératives belges, au moment où leur exemple commença à agir sur les socialistes des autres pays, étaient, et sont aujourd'hui encore, bien loin d'avoir un développement relatif comparable à celui des coopératives et des magasins de gros anglais. Mais, par le fait qu'au lieu de rester à l'écart du mouvement socialiste, ou même de s'opposer au mouvement socialiste, elles

1. Bernstein, *Die Voraussetzungen des Sozialismus*, p. 107, Stuttgart, 1899.

lui apportaient leur appui, elles contribuèrent, beaucoup plus que les coopératives anglaises, à réconcilier les socialistes avec la coopération.

En France, tout d'abord, des ouvriers flamands, immigrés dans le département du Nord furent parmi les fondateurs des sociétés coopératives socialistes de Lille et de Roubaix. D'autres sociétés coopératives de même type se constituèrent, surtout à Paris. Elles adhérèrent pendant quelque temps à l'Union coopérative, qui avait été fondée, sur une base neutraliste, par MM. Gide, de Boyve, Charles Robert, etc. Mais, en 1895, elles s'en détachèrent, pour constituer la Bourse coopérative des sociétés socialistes de consommation.

En Allemagne, ainsi que dans l'Autriche allemande, c'est également à l'exemple des Belges, qu'après 1890, quelques socialistes, qui avaient visité le Vooruit ou lu le petit livre de Mme A. Gerhardt sur les coopératives socialistes en Belgique [1], prirent l'initiative de créer des Konsumvereine. Les débuts furent difficiles. Les préventions de Marx et de Lassalle à l'égard des

1. Adèle Gerhardt, *Konsumgenossenschaft und Socialdemokratie*, Nürnberg, 1895.

sociétés de consommation restaient très fortes dans les milieux socialistes. Il fallut des années pour que la social-démocratie adopte, vis-à-vis de la coopération, une attitude de neutralité bienveillante, qui a fait place, depuis le Congrès de Magdebourg (1910), à une faveur nettement déclarée.

Aujourd'hui, d'ailleurs, dans tous les pays, les socialistes s'accordent à reconnaître que les travailleurs ont intérêt à créer des coopératives. Et, par le fait même, la question des rapports qui doivent exister entre le mouvement coopératif et le mouvement socialiste se trouve partout à l'ordre du jour.

La coopération doit-elle être neutre et faire appel à tous les consommateurs, sans distinction de classes et d'opinions politiques? doit-elle, au contraire, être socialiste et se rattacher, par des liens plus ou moins intimes au mouvement d'ensemble du prolétariat, luttant pour son émancipation? L'une et l'autre de ces solutions trouvent des partisans, parmi les socialistes eux-mêmes. Nous allons le montrer en exposant l'état de la question dans trois pays types : l'Angleterre, la France et l'Allemagne.

§ 1.

ANGLETERRE

L'Angleterre est un des rares pays où, jusqu'à présent, l'unité coopérative se soit maintenue, malgré les tendances divergentes qui se manifestent, depuis quelques années, dans les milieux coopératifs. Toutes les coopératives de quelque importance font partie de la Wholesale de Manchester ou de Glasgow et de l'Union coopérative, dont la fonction principale est, comme on sait, de « maintenir et de répandre les principes qui sont la vie du mouvement coopératif ».

Aussi les partisans de la neutralité coopérative ne manquent-ils jamais de citer l'Angleterre en exemple aux coopérateurs du continent, plus ou moins travaillés par le ferment socialiste.

Il est permis de se demander, cependant, si cet exemple est aussi probant qu'on voudrait le faire croire.

Personne ne songe à contester l'importance des résultats obtenus par la coopération anglaise, avec ses deux millions et demi d'adhérents et un chiffre d'affaires de plus d'un milliard de francs.

Mais les neutralistes eux-mêmes sont obligés de reconnaître que la tendance mercantile, la préoccupation de la chasse aux dividendes est poussée au plus haut point, dans ce mouvement coopératif dont les progrès matériels ont été si considérables.

Voici, par exemple, ce que dit, à cet égard, M. Charles Gide :

« On cite ce trait d'un enfant d'une nombreuse famille ouvrière anglaise qui, un jour, en rentrant de l'école, trouva inopinément à la maison une petite sœur de plus. À sa question indiscrète : D'où vient-elle? on lui fit la réponse accoutumée que « sa maman avait été l'acheter chez le marchand », ce qui valut aussitôt cette répartie : « Pourquoi donc n'avoir pas été l'acheter à la coopérative? on aurait touché un gros boni dessus ». Évidemment, comme exemple de l'action éducative de la coopérative, ceci laisse à désirer. Il est incontestable que ce mode d'emploi a surexcité chez des milliers de familles de tous pays l'amour du dividende, ou, comme disent familièrement les Anglais, des *divis*. On voit même, dans nombre de coopératives, les sociétaires exiger des majorations factices de prix des marchandises, à seule fin de se procurer à eux-mêmes la joie de toucher à la fin du semestre des bonis de 20, 25 et même 30 p. 100. Et que la coopérative ait transformé ainsi des ouvriers en chasseurs de dividendes, *divi-hunters*, et par conséquent en émules des bourgeois, ce n'est pas là, semble-t-il, un grand service que la coopérative ait rendu au progrès moral et social [1]. »

Il convient d'ajouter, au surplus, que, depuis quelques années surtout, on fait, en Angleterre même, des efforts persévérants pour réagir contre le mercantilisme et pour rattacher l'organisation coopérative à l'ensemble du mouvement ouvrier.

A plusieurs reprises, des motions ont été présentées aux Congrès annuels de l'Union coopérative, en vue d'assurer la représentation coopétive à la Chambre des Communes. Le principe de cette représentation fut admis, à l'unanimité, au Congrès de Perth, sans que, d'ailleurs, l'assemblée ait paru se rendre compte de la portée réelle de la proposition. On renvoya l'affaire à une Commission et, après des ajournements successifs, un

----

1. Gide, *Coopératives jaunes et coopératives rouges*, p. 8, Paris, 1900.

débat approfondi eut lieu au Congrès de Newport (1908). Finalement, la proposition fut repoussée, bien qu'elle eût été présentée par un des hommes les plus influents de l'Union, M. Tweddle, président du Comité parlementaire et vice-président de la Wholesale de Manchester.

Mais, en dépit de cet échec, la question reste virtuellement posée, et, pour se rendre compte de son importance vitale, quant à l'avenir de la coopération en Angleterre, il faut lire l'intéressante enquête — *Coopération et Socialisme en Angleterre* —, de MM. Barrault et Alfassa.

Ainsi que le font observer les enquêteurs, la motion Tweddle ne tendait, en apparence, qu'à envoyer à la Chambre des Communes quelques représentants de mouvement coopératif, chargés de la défense de ses intérêts; mais il ne faut pas une connaissance approfondie de la vie parlementaire pour comprendre que, s'ils devaient rester ainsi isolés, les représentants des coopérateurs seraient sans influence, ne constituant, ni, bien entendu, une majorité, ni même une minorité avec laquelle on compte.

Sans doute, si l'on s'en tenait à cette attitude, on pourrait prétendre que l'on n'abandonne pas le principe intangible de la neutralité politique.

Mais comment conserver et défendre ce principe au sein du Parlement? Si même tout le monde était d'accord au début, la règle serait, à l'usage, vite transgressée et l'on verrait rapidement l'alliance des représentants de la coopération et de ceux d'un autre parti.

Dès à présent, d'ailleurs, la question se pose sur un autre terrain, et, en même temps qu'il a repoussé la représentation directe, le Congrès de Newport a implicitement repoussé l'alliance avec un parti, alliance dont la motion ne parlait pas, mais qui était dans l'intention de tous ceux qui la soutenaient. Cette alliance, ce serait l'alliance du Parti coopératif avec le Labour Party.

Quant aux raisons que les coopérateurs à tendances socialistes invoquent en faveur de cet abandon de la stricte neutralité rochdalienne, nous les trouvons, fortement exposées, dans les réponses faites à MM. Barrault et Alfassa, par les partisans de la motion de Newport,

Seul, parmi ceux-ci, M. Grey, secrétaire général de la Coopérative Union, déclare que son opinion favorable à la représentation coopérative n'est nullement fondée sur le socialisme, mais est la la conséquence directe de son expérience comme secrétaire du Comité parlementaire de l'Union coopérative. Tous les autres partisans de la motion, qui ont répondu à l'enquête, se placent, pour la justifier, au point de vue socialiste.

M. Tweddle, par exemple, s'exprime en ces termes :

« Il y a un parti important et grandissant de coopérateurs, dont je suis, qui pensent qu'il est impossible pour un mouvement aussi considérable et aussi puissant que le nôtre de se tenir à l'écart de la vie politique de la nation.

« Pendant les dix dernières années, un grand et important changement s'est fait dans les sentiments de la classe ouvrière à l'égard de la politique et de l'influence qu'elle exerce sur sa vie et ses intérêts. Elle a perdu toute confiance dans les deux partis historiques, qui sont contrôlés et manipulés par les intérêts capitalistes, les propriétaires fonciers et toutes les influences hétérogènes qui sont hostiles au bien-être de l'ouvrier. Elle a appris par l'action et l'expérience du parti irlandais, quel immense pouvoir peut être détenu par un petit parti compact de représentants, qui se tiennent eux-mêmes à l'écart et sont indépendants de tout parti politique; ils travaillent par leur idéal et veulent de toutes leurs forces réussir. Penser que la coopération agissant pour les moyens qu'elle emploie actuellement peut réussir à obtenir le contrôle du capital et de la terre est un rêve oiseux.

« Pendant les soixante années de son existence elle a fait des choses admirables, mais elle a seulement accumulé 30 millions £ de capital, moins que ce que contrôlent beaucoup de firmes capitalistes isolées. L'école des coopérateurs à laquelle j'appartiens, pense donc que les méthodes actuelles laissent le millénaire trop loin de nous et que l'influence de notre puissante organisation doit être employée à transformer les institutions politiques de notre pays conformément à l'intérêt et à l'idéal coopératifs.

« Le trade-unionisme, l'aile militante du mouvement ouvrier est déjà entré dans l'arène politique : il y a pris une position et acquis une influence qui justifient amplement les prédictions de ses avocats. Il a obtenu plus pour l'ouvrier, pendant ces quelques années d'effort politique que pendant toute sa carrière antérieure.

« Il n'y a pas de théorie sociale qui ait fait tant de progrès, parmi toutes les classes de la collectivité, que le socialisme. La partie de la classe ouvrière qui est toujours guettée par la famine, ce grand nombre d'employés dont la vie est une lutte constante pour arriver à surnager, le regardent comme le seul remède à leurs maux, tandis que les penseurs honnêtes et sincères, à tous les degrés de la nation, commencent à voir que le socialisme est le seul remède contre les maux sérieux et grandissants de l'individualisme; mais, d'autre part, le socialisme n'a pas beaucoup influencé la coopération.

« Le coopérateur traditionnaliste qui regarde l'action politique avec défiance, comme un danger caché pour son argent, regarde le socialisme avec crainte et aversion, comme un danger réel, non seulement pour son argent, mais aussi pour son mouvement.

« En même temps, il y a un nombre grandissant de coopérateurs qui regardent le socialisme d'un œil favorable et avec espoir, comme étant le développement légitime et inévitable des principes coopératifs. Ils regardent en fait le socialisme comme la coopération triomphante, l'État socialisé comme le couronnement final de l'édifice coopératif; véritablement, si nous pouvions concevoir que la totalité ou la très grande majorité du peuple de ce pays fut enrôlé dans le mouvement coopératif avec la Wholesale comme son agence industrielle et manufacturière, le socialisme serait sur le point d'être réalisé.

« Le *Trade-Unionisme* signifie ainsi l'organisation ouvrière la plus effective pour combattre l'employeur.

« La *Coopération* signifie l'organisation des consommateurs dans le but de faire disparaitre les dépenses inutiles et d'augmenter l'efficacité du travail humain.

« Le *Socialisme* est un système d'organisation sociale qui subordonne l'intérêt de l'individu à celui de la communauté, un système dans lequel l'industrie serait complètement et économiquement organisée et ses produits équitablement distribués. C'est justement pourquoi, une fois réalisé dans le développement futur de la société, il supplantera le Trade-Unionisme et la Coopération, qui tous les deux sont des reflets ou des anticipations de ses grands principes.

« Les relations mutuelles de ces trois grandes forces poursuivant le progrès social sont celles de trois armées équipées avec des armements différents, mais unies dans l'attaque d'un ennemi commun[1]. »

1. Barrault et Alfassa, *Coopération et Socialisme en Angleterre*, Paris, 1909, p. 21 et suiv.

Nous avons reproduit intégralement cette profession de foi, parce qu'elle nous paraît exprimer, en termes heureux, l'opinion moyenne et ceux parmi les coopérateurs anglais qui, sous l'influence plus ou moins nette du socialisme, veulent engager le mouvement coopératif dans des voies nouvelles.

Il ne faut pas se dissimuler, au surplus, que si leurs idées font des progrès, elles sont encore loin d'avoir conquis la majorité des coopérateurs.

Ainsi que le fait observer un adversaire de l'action politique des coopératives, M. A. Williams, vice-président de l'Alliance coopérative internationale[1], la grande masse des coopérateurs est très à son aise et trop conservatrice dans ses instincts pour aller au collectivisme. D'autre part, beaucoup d'entre eux sont affiliés aux partis bourgeois, et, surtout, au parti libéral. Aussi, le jour où, grâce à l'indifférence ou à la tiédeur des éléments modérés, il se trouverait au Congrès coopératif une majorité en faveur de l'affiliation au Labour Party, l'unité coopérative risquerait d'être compromise et le mouvement entrerait dans une ère de discussions et de conflits.

Cependant on peut prévoir que la fraction

1. Enq., p. 52.

avancée des coopérateurs, continuera sa propagande, et que, finalement, la question brûlante de la participation des coopératives à l'action politique sera résolue, dans le sens de l'affirmative, soit par la scission des éléments conservateurs, soit, plus probablement — comme il est arrivé pour les Trade-Unions — par un compromis entre les deux tendances.

En somme, ainsi que le constate Keir Hardie dans sa réponse à l'enquête, le mouvement coopératif passe, à présent, par le même procès d'évolution politique qui a été expérimenté par le mouvement syndical il y a huit ou dix ans. Sa transformation, certes, sera plus lente. Mais eux-mêmes qui la redoutent ne contestent point qu'elle soit dans les probabilités de l'avenir.

C'est un signe des temps que, dans le pays des Pionniers de Rochdale, dans la terre promise du neutralisme coopératif, Miss Margaret Llewellyn Davies, secrétaire générale de la Women's Cooperative Guild, après avoir constaté que, dans les milieux coopérateurs anglais « le désir du dividende est devenu assez fort pour empêcher l'esprit coopératif d'avoir son expression la meilleure et la plus pleine », ait fait à MM. Barrault et Alfassa cette réponse caractéristique :

« La solidarité splendide des forces ouvrières en Belgique me semble un modèle à suivre pour les autres pays. Là le Socialisme a fourni le cerveau qui dirige, la Coopération les ressources de la guerre, le Syndicalisme les armes de combat, et les Sociétés de secours mutuels secourent les blessés. Une telle entente, en Angleterre, emporterait tout devant elle. C'est, me semble-t-il, vers cet idéal que nous devons tendre : 1° en faisant de nos immeubles coopératifs le domicile des organisations de travail; 2° en poussant en avant l'œuvre d'éducation; 3° en provoquant l'élection de coopérateurs aux Conseils municipaux et aux Conseils de Comités. »

FRANCE

On sait qu'il existe en France deux écoles coopératives pratiquant des méthodes différentes : la plus ancienne, l'*Union coopérative*, fut fondée en 1885, dans la région nimoise, par de Boyve, Charles Robert, Charles Gide, etc., d'où son nom d'École Nimoise; l'autre, la *Bourse des Coopératives socialistes*, devenue en 1911, la *Bourse des Coopératives ouvrières et socialistes*, date de 1895. On la désigne, généralement, sous le nom d'École de Saint-Claude, parce que la coopérative socialiste de Saint-Claude (Jura) prit l'initiative de sa fondation; mais la coopérative de Saint-Claude, elle-même, avait été constituée sur la même base que les coopératives socialistes belges, et, en somme, c'est l'exemple de Vooruit qui commença à réconcilier les socialistes français avec la coopération.

Il suffira pour s'en convaincre, de lire, dans la collection du *Cri du Peuple* (1884-1886), l'article que Jules Guesde fit, à cette époque, sur la coopération. Pour lui, les sociétés de production étaient la plus grande mystification du siècle. Quant aux sociétés de consommation, si elles venaient jamais à se généraliser, elles n'auraient d'autre résultat, en abaissant le coût de la vie que de faire baisser, en proportion, les salaires.

Néanmoins, songeant aux coopératives belges, dont le succès commençait à s'affirmer, Guesde ajoutait :

« Cela ne veut pas dire qu'exceptionnellement, dans certaines conditions et dans certaines mains, les coopératives de consommation ne puissent pas rendre des services aux travailleurs. Il n'y a, pour se convaincre du contraire, qu'à voir le parti qu'en a su tirer le socialisme flamand. Mais comment et pourquoi ce résultat? Parce que, sous l'influence des Marxistes, comme Anseele ou Van Beveren, les fins commerciales de l'entreprise ont fait place à des fins de propagande. Le pain à meilleur marché n'a été que le moyen de grouper les hommes et de véhiculer les idées. »

Ce point de vue n'a pas cessé d'être celui des Guesdistes.

Un quart de siècle après avoir écrit l'article du *Cri du Peuple*, Guesde défendait encore les mêmes idées au Congrès de Copenhague (1910), et, dans l'ordre du jour de la Fédération socialiste de Seine-et-Oise, transmis par Lafargue à l'*Humanité* (27 janvier 1910), on déclarait également que « les coopératives ouvrières, si elles restent indépendantes et autonomes, peuvent, en abaissant le coût de la vie, amener, sans le vouloir, un abaissement des salaires...; elles ne peuvent devenir des éléments de transformation sociale que si elles soutiennent, par tous les moyens dont elles disposent, les syndicats et le Parti socialiste ».

C'est, d'ailleurs, dans le même esprit que, vers 1898, des socialistes du département du Nord, parmi lesquels nombre de Flamands immigrés, créèrent, sur le modèle de Vooruit, des coopératives socialistes à Lille et à Roubaix. D'autres sociétés du même type ne tardèrent pas à se constituer, notamment celles de Saint-Claude et de l'agglomération parisienne. Elles adhérèrent, pendant quelque temps, à l'Union coopérative; mais, bientôt, elles s'en séparèrent et c'est ainsi que fut fondée, en 1895, la Bourse des sociétés coopératives de consommation qui devint, par la suite, la Bourse des coopératives socialistes.

Aujourd'hui, l'Union coopérative groupe environ 400 sociétés; la Bourse, 365.

Ces deux organisations rivales, entre lesquelles, à certains moments, il y a eu des frictions très rudes, ont néanmoins ceci de commun qu'elles se réclament de la coopération rochdalienne, qu'elles appliquent, l'une et l'autre, le principe fondamental de celle-ci — répartition des trop perçus au prorata de la consommation — et qu'elles tendent, bien que par des moyens différents, à socialiser la production et l'échange [1].

Mais, tandis que les sociétés de l'Union coopérative sont ouvertes à tout le monde sans distinction de culte ou de classe, la Bourse est — ou, du moins, était, jusque dans ces derniers temps — fermée à toutes les sociétés non socialistes. Si l'Union fait de la coopération un instrument de transformation à la portée de tous les consommateurs, les socialistes de la B. C. S. prétendent que cet instrument doit être une arme de lutte entre les mains de la classe ouvrière, pour s'affranchir de la domination capitaliste. Si les

1. Voir Charles Gide, *Coopératives jaunes et coopératives rouges*, Paris. 1906, p. 27 et suiv.

coopératives de l'École de Nîmes laissent les bonis réalisés à la disposition de chaque individu et soutiennent qu'on ne doit pas introduire la politique dans la coopération, celles de l'École de Saint-Claude affectent obligatoirement les mêmes bonis à la création d'œuvres sociales utiles à l'action des ouvriers organisés sur le terrain de la lutte des classes : leurs statuts, leur constitution leur font un devoir de destiner une part de ces bonis à la propagande spécifique de la classe ouvrière, à la propagande socialiste.

Voilà la théorie.

Dans la pratique, nombre de coopératives rouges ne sont guère moins individualistes, moins affairistes que les autres, mais quand elles sont réellement ce qu'elles prétendent être, leurs caractères différentiels procèdent de cette distinction fondamentale : les coopératives de l'École de Nîmes sont neutres et fondées sur le principe de la collaboration des classes ; les coopératives de l'École de Saint-Claude, à l'exemple des coopérations belges, sont socialistes et se placent sur le terrain de la lutte des classes.

Entre ces deux conceptions, il semble que le désaccord soit irréductible et que, pour des socialistes, il ne puisse être question de renoncer à leur point de vue, pour adopter celui de la coopération neutre.

Ce n'est pas l'avis, cependant, des membres de la « majorité » du Parti socialiste français. On a vu, depuis quelque temps, des « réformistes » comme Fournière, Héliès, Thomas, être d'accord avec les révolutionnaires, ou les anarchisants de la Bataille syndicaliste, pour se prononcer en faveur de l'unité coopérative et du rapprochement, si non de la fusion entre la B. C. S. et l'U. C.

A cet effet, ils n'hésitent pas à soutenir que la coopération socialiste doit se neutraliser, rompre les liens qui la rattachent au parti et sceller indestructiblement le pacte d'unité « en se contentant de l'idéal coopératif et en n'y mêlant pas des préoccupations étrangères à son principe[1] ».

On trouvera, notamment, dans une brochure de Fournière — *L'Unité coopérative* —, publiée en 1910 dans les Documents du Socialisme[2], les arguments principaux que l'on invoque en faveur de cette tactique nouvelle.

Fournière constate, d'abord, qu'il y a en France

1. Gaumont, dans la *Revue Socialiste*, 15 février 1911.
2. Les Documents du Socialisme, publiés sous la direction d'A. Thomas, Paris.

près de deux mille cinq cents coopératives de consommation, alors que les deux Fédérations existantes n'en réunissent guère plus de huit cents. Qu'elles n'en fassent qu'une et, bientôt, ce centre d'attraction aura fédéré les isolées, fusionné les concurrentes, pris toute sa force pour amener à la coopération les masses qui n'y sont pas encore venues.

Or « qu'est-ce qui sépare les sœurs ennemies? — Rien, répond l'aînée; rien que la mauvaise volonté de l'autre et son exclusivisme. — Un principe nous sépare, affirme la cadette. Les socialistes ne doivent pas frayer avec leurs ennemis de classe, pas plus dans la coopérative qu'ailleurs.

« Voilà le nœud du débat. Il pose un grand problème de conscience devant tout socialiste qui croit à la valeur propre de la coopération. Si nous voulons faire de la coopération, il nous faut renoncer à la faire socialiste selon la formule de la lutte de classe, la coopération de classe étant incapable de se réaliser. Pour demeurer des socialistes fidèles à la lutte de classe, nous devons donc cesser d'être des coopérateurs. Il y aurait, peut-être, un moyen d'arranger les choses : ce serait de se débarrasser de la lutte de classe. On

pourrait faire alors du socialisme et de la coopération en toute liberté d'esprit.

« Cette solution étant la seule raisonnable, la
seule conforme aux données de la science, c'est-
à-dire aux faits, soyez assurés que nous y vien-
drons[1]. »

Dès à présent, d'ailleurs, ajoute Fournière, si
les coopérateurs socialistes maintiennent leurs
formules, ils les sacrifient aux nécessités de l'action. Ils continuent, certes, à traiter de « bourgeois » ou de « jaunes », les coopérateurs de
l'Union, mais ils voisinent avec eux dans l'Alliance internationale et abandonnent tout rigo-
risme dans leurs relations avec les coopérateurs
neutres de l'étranger. Au surplus, les divergences
de vues entre l'École de Nîmes et l'École de
Saint-Claude sont bien moindres qu'on ne pourrait le croire à première vue. Leur but est, en
définitive, le même : socialiser les moyens de
production et d'échange; organiser la démocratie
dans l'ordre économique, comme elle l'a déjà
été dans l'ordre politique. Il n'y a de désaccord
que sur deux points : l'emploi des bonis et la
neutralité politique et, encore, ces deux points

1. P. 4.

n'en forment qu'un en réalité, car, si la Bourse, comme l'Union, observait la neutralité politique, il n'y aurait aucune divergence possible, ou même imaginable, sur l'emploi des bonis. La neutralité est donc bien le point central du débat entre l'Union et la Bourse, et, dans ce débat, l'Union doit l'emporter sur la Bourse, la coopération ouverte sur la coopération fermée, parce que, selon les expressions de Hans Müller, « il n'y a pas de place dans la théorie de la lutte de classe de Marx pour la coopération » et, réciproquement, il n'y a pas de place dans la coopération de consommation pour la lutte de classe qui est « une espèce de dynamite anti-coopérative ». Seules des coopérative neutres, accessibles à tous, sans distinction de culte, d'opinions, de classes, peuvent grouper tous les consommateurs et réaliser ainsi leur objet propre : la socialisation progressive des organes commerciaux, industriels ou agricoles, pour la suppression du profit capitaliste.

Fournière oppose donc à la coopération, considérée comme un des moyens d'action du prolétariat dans sa lutte de classe, la coopération « prise en soi », considérée comme but, « intégré au socialisme par sa vertu propre, qui est de socialiser tout ce qui est à sa portée »; et, si les socialistes français qui se prononcent en faveur de la neutralité coopérative, ne partagent pas entièrement ses opinions au sujet de la lutte de classe, ils s'accordent avec lui pour dire que la coopération est socialiste par nature, et qu'on peut, sans inconvénients, la déclarer ouverte à tous : elle n'en reste pas moins un mouvement socialiste, parce qu'elle tend à exproprier, au profit des consommateurs, un nombre croissant d'entreprises capitalistes.

C'est en partant de ce point de vue qu'au Congrès de la B. C. S., à Calais (1911), les neutralistes, en vue de faciliter l'entente avec l'Union coopérative, proposèrent, en somme, de supprimer dans les statuts de la Bourse, tout ce qui leur donnait un caractère spécifiquement socialiste. Albert Thomas alla même jusqu'à demander que l'on rayât, purement et simplement, le mot socialiste du titre de la Bourse. Il ne fut pas suivi. Le Congrès protesta même contre cette motion, qui avait le tort d'être trop logique. Mais, en dépit de l'opposition tenace de la minorité guesdiste, il décida d'admettre des coopératives neutres dans la B. C. S., devenue la Bourse des

coopératives ouvrières et socialistes. De plus, on
fit disparaître des statuts l'obligation d'accepter les
principes fondamentaux du socialisme international et l'on vota un ordre du jour déclarant
que l'autonomie de mouvement coopératif doit
être absolue et qu'aucune subordination ne peut
en entraver le développement.

Il y a donc, incontestablement, en France,
une tendance à réaliser l'unité coopérative, mais
c'est la coopération socialiste qui fait, à peu près,
tous les frais du rapprochement des deux écoles.
Le jour où les idées de Fournière triompheraient
définitivement, il n'y aurait plus que des coopératives neutres et la Bourse des coopératives
ouvrières et socialistes pourrait disparaître :
l'Union coopérative l'aurait définitivement résorbée [1].

1. Les 10, 11 et 12 juin 1910, se sont réunis à Paris des délégués de l'U. C. et de la B. C. S., qui ont décidé de soumettre
à leurs assemblées respectives des résolutions tendant à supprimer les organisations existantes et à les remplacer par une
organisation nouvelle qui s'appellera la Fédération Nationale
des Coopératives de consommation, organe d'émancipation des
travailleurs. Ne pourront être admises dans cette Fédération,
les sociétés capitalistes ou patronales, et des sociétés qui impo-
sent à leurs membres l'adhésion à une organisation politique
ou confessionnelle.

ALLEMAGNE

En Allemagne, comme en France, il y a deux Fédérations coopératives : l'*Allgemeine Verband*, créé par Schulze-Delitzsch en 1859 et le *Zentral Verband Deutscher Konsumvereine*, fondé en 1903, au lendemain de ce que l'on a appelé, dans l'histoire de la coopération allemande, « le coup d'État de Kreuznach » (septembre 1902).

On sait dans quelles conditions ce coup d'État se produisit. De nombreuses sociétés coopératives ouvrières, à tendances plutôt socialistes, s'étaient constituées en Saxe, à Hambourg et dans d'autres parties de l'Empire. Elle s'étaient affiliées, au début, à l'*Allgemeine Verband*, où elles se trouvèrent confondues avec un grand nombre de sociétés de crédit, de production ou d'achat de matières premières, composées en majeure partie d'artisans, de petits propriétaires et, surtout, de petits commerçants. Entre des groupes aussi disparates, la vie commune ne pouvait être que difficile. Des conflits ne tardèrent pas à se produire. Ils prirent un caractère aigu, en 1894, alors que 47 coopératives fondèrent le Magasin en gros de Hambourg, dans lequel les petits bourgeois de l'A. V. virent une concurrence fort désagréable pour eux. Bref, en 1902, au Congrès de Kreuznach la majorité de l'A. . décida, purement et simplement, d'exclure la Fédération de Hambourg, et avec elle, les 98 coopératives qui s'y étaient affiliées. Mais, indignées de cette décision, plusieurs Unions régionales se solidarisèrent avec les coopératives exclues et, ensemble, fondèrent l'année suivante le *Zentral Verband*.

Malgré l'opposition de leurs tendances, que cette scission même suffit à mettre en lumière, l'A. V. et de Z. V. ont ceci de commun que l'un et l'autre se déclarent politiquement neutres. Mais, tandis que l'A. V., où dominent, de plus en plus, les éléments petits-bourgeois, a hérité des sentiments hostiles que son fondateur avait pour le socialisme, le Z. V., dont les membres sont, à concurrence de 85 p. 100, des ouvriers manuels, compte, parmi ses dirigeants, un très grand nombre de social-démocrates.

Aussi, dès l'instant où le mouvement coopératif en Allemagne commença à prendre les allures d'un mouvement de masses, la question des rapports entre le socialisme et la coopération devait nécessairement se poser. Nous allons voir que peu à peu, la social-démocratie, modifiant son attitude traditionnelle à l'égard des sociétés de consommation, passa de l'indifférence, pour ne pas dire l'hostilité, à une neutralité bienveillante, puis à une approbation décidée. Et, de son côté, le Z. V., à mesure que les éléments socialistes y deviendront plus nombreux, paraît devoir renoncer à l'affectation de stricte neutralité que certains de ses leaders croient encore utile de maintenir.

C'est au Congrès social-démocratique de Berlin (14-21 novembre 1892) que, pour la première fois depuis Marx et Lassalle, les socialistes allemands s'occupèrent du problème de la coopération.

Sur le rapport d'Auer, l'assemblée vota la résolution suivante :

« En ce qui concerne la coopération, le Parti se place, comme par le passé, au point de vue suivant :

« Il ne peut approuver la création de coopératives que là où elles procurent des moyens d'existence à des compagnons engagés dans les luttes politiques et syndicales, ou bien rendent l'agitation plus facile en les mettant à l'abri de tous les moyens de pression extérieure de leurs adversaires. Mais, en tous les cas, les militants doivent subordonner leur appui à cette condition préalable que les coopératives soient en mesure de s'établir sur une base financière solide et présentent des garanties sérieuses quant à l'administration et à la direction.

« Dans tous les autres cas, les militants doivent s'opposer à la création de coopératives et, en tous cas, réagir contre cette idée qu'elles puissent être capables d'exercer une influence sur les conditions de la production capitaliste, de relever les travailleurs comme classe et de supprimer ou d'adoucir la lutte des classes sur le terrain politique ou syndical. »

Il était difficile, on en conviendra, d'assigner aux coopératives un rôle plus modeste et de prendre contre elles plus de précautions.

A lire d'ailleurs le discours d'Auer et le compte rendu des débats, on s'aperçoit que cette résolution ne visait, en réalité, que les sociétés de production. Bebel, au surplus, le déclara expressément au Congrès de Hanovre. Quant aux sociétés de consommation, on ne leur accordait pas assez d'importance pour s'en occuper.

A partir de 1895, cependant, en Saxe et en Thuringe, les *Konsumvereine* commencèrent à prendre un réel essor. Plusieurs Unions régionales s'étaient formées. Le magasin de gros de Hambourg fut créé en 1894, et, en 1899, lorsque la question coopérative revint en discussion au Congrès de Hanovre, on ne parla plus, cette fois, que des sociétés de consommation, dont il devenait impossible de méconnaitre l'importance et de contester les succès.

Néanmoins, les débats qui eurent lieu à Hanovre ne portèrent sur la question coopérative qu'incidentellement et à un point de vue spécial.

Bernstein venait de publier ses « hérésies ». Il insistait sur la haute valeur du mouvement syndical et coopératif. Il combattait cette idée que l'action socialiste doit être avant tout une action politique, que la Social-démocratie doit s'efforcer de conquérir le pouvoir politique, afin de mettre la communauté, par l'expropriation des expropriateurs, en possession des moyens de production. Il affirmait, au contraire, que le mouvement ouvrier devait s'efforcer d'accroître sa puissance, *pari passu*, dans le domaine économique, par les coopératives et les syndicats, dans le domaine politique par l'accroissement du nombre des mandats socialistes, au sein des diverses assemblées délibérantes. Il synthétisait sa conception dans cette formule, tant discutée et tant critiquée : « Pour moi le mouvement est tout, le but final n'est rien! » Il attribuait, tout particulièrement, une grande importance aux sociétés coopératives pour augmenter la puissance sociale du prolétariat. Il voyait en elle un des meilleurs yens de réaliser, dès aujourd'hui, dans les cadres mêmes de la société capitaliste, toujours plus de socialisme.

Cette thèse fut violemment combattue par Bebel et par la grande majorité du Parti. Après quatre jours d'ardents et parfois pénibles débats, le Congrès vota une résolution affirmant que le Parti entendait rester, comme par le passé, sur le terrain de la lutte des classes, qu'il considérait comme étant la mission historique du prolétariat de conquérir le pouvoir politique, afin de réaliser, avec l'aide de celui-ci, et de la communauté en général, la socialisation des moyens de production et l'introduction du régime socialiste de production et d'échange.

Le passage relatif aux coopératives était ainsi conçu :

« Le Parti déclare rester neutre à l'égard de la fondation de sociétés coopératives; il considère la fondation de ces sociétés, pour autant que les conditions préalables de cette fondation soient réunies, comme étant de nature à améliorer la condition matérielle de leurs membres; il voit aussi dans la fondation de ces sociétés, comme, d'ailleurs, de toute organisation des travailleurs pour la défense et le développement de leurs intérêts, un moyen propre à faire l'éducation des travailleurs pour la direction autonome de leurs entreprises, mais il se refuse à leur accorder une importance décisive (entscheidende) pour libérer les travailleurs des chaînes du salariat. »

En somme, le Congrès adoptait, en ce qui concerne la coopération, l'attitude que Kautsky avait prise, deux années auparavant, dans ses lettres à l'Arbeiter-Zeitung, de Vienne, réunies en brochure sous le titre : *Konsumvereine und Arbeiterbewegung* [1]. Toutefois, il attachait plus d'importance que ne l'avait fait Kautsky à la valeur éducative de la coopération.

Bernstein, certes, était battu. Mais, de Berlin à Hanovre, l'opinion du parti à l'égard des coopé-

1. *Wiener Arbeiter Bibliothek*, 1897.

ratives s'était modifiée sensiblement. Elle devait se modifier plus encore, pendant les années qui allaient suivre.

De 1899 à 1910, en effet, la coopération ouvrière, en Allemagne, prend un développement considérable. Le magasin de gros de Hambourg prospère. Son chiffre d'affaires, qui était de 1 878 000 marks, en 1895, s'élève dix ans après, à 38 780 000 marks pour atteindre au 31 décembre 1910, le chiffre de 88 669 000 marks.

Quant aux coopératives locales, tandis que l'Allgemeine Verband restait à peu près stationnaire, avec 300 721 membres en 1902 et 262 522 membres en 1910, l'effectif des sociétés affiliées au Zentral-Verband passait de 480 916 membres en 1902, à 1 047 975 en 1910[1].

De plus en plus, par conséquent, ce sont les sociétés affiliées au Z.-V. qui groupent la grande majorité des coopérateurs allemands. Le chiffre d'affaires (*Gesamtumsatz*) de ces sociétés, qui était de 176 456 000 marks en 1903, s'élevait à 432 866 000 marks en 1910, et, dans ce dernier chiffre, la production pour satisfaire aux besoins sociaux (*Eigenproduktion*) entrait pour

1. 1 325 000 au 31 décembre 1911.

63 687 000 marks[1]. Nulle part le développement
coopératif n'a été aussi rapide. Il a marché de
pair, au surplus, avec l'extraordinaire développement de l'industrie allemande.

Plusieurs de ces coopératives du Z.-V. comptent parmi les plus importantes de l'Europe.
Neuf d'entre elles comptaient en 1910 plus de
20 000 membres. C'étaient :

	Nombre des membres.	Chiffre d'affaires en marks.
Berlin Konsumgenossenschaft . . .	27 957	4 162 097
Dresden. Vorwärts	28 478	10 276 618
Essen. Eintracht	22 188	6 094 000
Hamburg. Production	49 355	13 107 169
Hambourg. Neue Gesellschaft . . .	55 000	8 915 091
Leipzig. Plagwietz K.	75 111	18 636 539
München K.	21 117	5 311 199
Stuttgart Spar. und K.	27 557	8 310 418
Vingst K. Hoffnung	20 022	4 564 594

Nous avons déjà dit que ces vastes associations
se composent, en immense majorité, d'ouvriers
industriels et que ces ouvriers, pour la plupart,
sont des social-démocrates. Cette union personnelle entre la Sozial-démocratie et le Z.-V. suffit
à expliquer qu'à l'égard des coopératives, comme,

---

1. 506 millions et 81 millions en 1911. — On trouvera des
chiffres détaillés dans le *Jahrbuch des Z.-V. Neunter Jahrgang,*
1911, vol. 1, Hambourg, 1911, et dans le *Bericht über die Tätig-
keit des Vorstandes des Z.-V.*, im Jahre 1911.

précédemment, à l'égard des syndicats, les socialistes d'Allemagne aient été amenés à prendre une attitude qui contraste, d'une manière absolue, avec les méfiances et les sous-évaluations d'antan.

Lorsqu'en 1910, le Congrès international de Copenhague discuta la question des coopératives, les délégués allemands — ceux de la gauche comme ceux de la droite du parti — ne furent pas les derniers à insister sur les services que la coopération peut rendre au mouvement ouvrier, et rentrés chez eux, au Congrès de Magdebourg, ils firent l'unanimité sur la résolution suivante :

« Dans son appréciation de la valeur que peuvent avoir les associations coopératives, le Congrès prend spécialement en considération les sociétés de consommation (Konsumvereine).

« Les sociétés coopératives de consommation sont organisées afin de procurer à leurs membres des avantages économiques : elles tendent à accroître la puissance d'achat des consommateurs en leur procurant directement les choses les plus importantes pour la satisfaction de leurs besoins.

« Le renchérissement général des denrées et autres moyens d'existence qui est, avant tout, la conséquence de la politique agrarienne et protectionniste de l'Empire allemand a, de plus en plus, fait comprendre aux masses profondes de la population l'utilité de se grouper en sociétés de consommation. Lesdites sociétés peuvent rendre d'autant plus de services, sur le terrain économique, que les consommateurs y entrent plus nombreux. Plus les membres des Konsumvereine sont en même temps ceux du Parti et des Syndicats (*Gewerkschaften*), plus ces sociétés peuvent faire œuvre sociale utile en assurant à leur personnel, d'accord avec les syndicats, des conditions favorables de travail et de salaire. En créant des fonds de solidarité et de secours pour leurs membres, en agissant sur les conditions de travail dans les entreprises de leurs fournisseurs, en organisant leur production propre (*Eigenproduktion*), en faisant l'éducation des travailleurs pour la direction indépendante des entreprises, elles apportent un puissant concours à la lutte des classes prolétariennes.

« Les sociétés de consommation doivent être autonomes et indépendantes. L'opposition qu'elles rencontrent dans les milieux bourgeois croît avec leur importance économique et l'acuité grandissante des antagonismes de classes. Les gouvernements et les partis bourgeois, qui les représentaient jadis comme un des plus importants moyens de résoudre la question sociale, s'efforcent maintenant d'entraver leur développement par des mesures d'exception et des chicanes administratives. La Social-démocratie, au contraire, défend les intérêts des sociétés de consommation, dans la presse et au parlement, contre les attaques de leurs adversaires; et, en le faisant, elle prend la défense des intérêts généraux du prolétariat, car, l'activité coopérative est un important complément de la lutte syndicale et politique, pour le relèvement de la condition sociale du prolétariat.

« En conséquence, le Congrès engage fortement les social-démocrates à agir en ce sens, et à faire naître des coopératives dirigées dans l'esprit du mouvement ouvrier moderne. »

On voit que, depuis vingt ans, l'attitude de la social-démocratie vis-à-vis de la coopération s'est modifiée de tout au tout. Elle a définitivement abandonné les idées de Lassalle. Elle a revisé, au point de vue coopératif, les jugements de Marx. A Berlin, en 1892, elle ne s'occupait que des sociétés de production et seulement pour mettre la classe ouvrière en garde contre toutes illusions à leur égard. A Magdebourg, au contraire, elle proclame que, seules, les sociétés coopératives de consommation ont une réelle importance et déclare que « la coopération est un important complément de la lutte politique et syndicale pour le relèvement de la condition sociale du prolétariat ».

Ce renversement de la table des valeurs coopératives a été, nous l'avons vu, déterminé par le progrès énorme des sociétés de consommation et la preuve qu'elles ont faite, qu'au point de vue de la production même, elles ont plus d'importance et plus d'avenir que les sociétés de production proprement dites. La pratique, une fois de plus, a révolutionné la théorie. Mais, d'autre part, il n'est pas douteux, que la reconnaissance théorétique de ce fait, la position nouvelle prise, officiellement, par le Congrès de Magdebourg, à l'égard de mouvement coopératif, ne réagissent puissamment sur la croissance ultérieure de celui-ci.

C'est ce que constatait, au lendemain de la résolution de Magdebourg, le Dr Staudinger, qui n'est pas un socialiste, dans l'organe de Z. V., la *Konsumgenossenschaftliche Rundschau* :

« Nous nous garderons de faire, sur l'un ou

l'autre point, la critique de cette résolution et nous nous contenterons de dire : en tous cas, cette décision, dont nous attendons le plus grand bien pour la coopération et que, pour ce motif, nous saluons avec joie, fera époque dans l'histoire du Parti. Pour la première fois la Coopération se voit officiellement reconnue et recommandée par un Parti qui, il y a quelques dizaines d'années encore, n'avait pour elle que dédains ou sarcasmes, et qui, même depuis lors, avait cru devoir ne lui attribuer que très peu de valeur. C'est là une véritable révolution dans les têtes et dans les volontés. Les plus optimistes des représentants du principe coopératif n'eussent pas même osé la rêver, avant ces dernières années. Et, cette révolution, nous ne pouvons l'accueillir qu'avec la joie la plus vive et les meilleures espérances pour l'avenir. Car, si l'on ne se contente pas de parler, et si l'on agit, deux choses sont à espérer : 1° l'afflux des membres dans les Konsumvereine sera plus puissant encore que par le passé ; 2° l'esprit de dividende sera éliminé, qui rendait impossible le renforcement et le développement normal de la plupart des coopératives fondées et dirigées par des ouvriers. Le véritable noyau socialiste de la coopération qui, malgré notre effort persévérant depuis de longues années n'était encore qu'en germe, sortira de son enveloppe, et se développera aussi puissamment que dans notre société coopérative modèle, la Produktion, de Hambourg. »

On doit prévoir, en effet, que dans un pays de discipline socialiste comme l'Allemagne, le conseil donné à tous les social-démocrates d'entrer dans les Konsumvereine, sera suivi par le plus grand nombre et que, dans ces conditions, des liens de plus en plus étroits tendront à s'établir entre le mouvement coopératif et le mouvement politique ou syndical.

Dès à présent, d'ailleurs, ce n'est pas seulement le socialisme qui se rapproche de la coopération, mais la coopération qui s'oriente vers le socialisme.

Dans la forme, bien entendu, les coopératives du Z. V. restent neutres. La loi leur impose cette neutralité, et, en fût-il autrement, les social-démocrates paraissent unanimes à dire qu'une cloison étanche devrait être maintenue entre les Konsumvereine et le Parti.

Von Elm, notamment, coopérateur et député socialiste, a donné leurs raisons à Copenhague,

et, à la veille de Copenhague, dans l'enquête sur
la Coopération et le Socialisme, faite par le Mouvement Socialiste (août-septembre, 1910) :

« Sans compter — dit-il — que la législation
interdit aux coopératives de faire de la politique,
ce serait méconnaître tout à fait leur nature même
que leur demander de faire de l'agitation pour
n'importe quel parti. L'achat de lard ou de pois
n'est pas plus socialiste que conservateur. Le
bilan présenté à l'assemblée générale par la direction d'une coopérative ne peut pas être jugé à
travers le programme d'un parti politique. Elles
peuvent prendre position contre des mesures
législatives qui les atteignent ou menacent de les
atteindre dans leurs intérêts propres. Cela est
assez souvent arrivé. Les coopérateurs, par
exemple, ont toujours énergiquement lutté contre
l'impôt sur le chiffre d'affaires et les magasins.
Et si, dernièrement[1], elles n'ont entrepris aucune
agitation contre l'augmentation des tarifs doua-
niers, qui touchaient, eux aussi, aux intérêts des
consommateurs organisés, c'est parce qu'elles ont
estimé que cette agitation ferait double emploi

1. Ce qui leur fut vivement reproché dans certains milieux
socialistes.

avec l'agitation faite par le parti et les syndicats. Mais, dans tous leurs Congrès, elles ont gardé la neutralité la plus absolue envers tous les partis politiques. Elles continueront à respecter cette neutralité dans l'avenir, non par crainte de heurter les sentiments de quelques éléments bourgeois, mais pour éviter un éparpillement du mouvement et la perte d'une influence énorme sur leur capacité de produire. Si le parti socialiste prétend avoir le droit de créer des organismes qui lui sont propres, il doit aussi reconnaître le même droit aux autres partis. En Angleterre, en Suisse et en Allemagne, la division du mouvement coopératif d'après les partis politiques ou les opinions religieuses a été, jusqu'à présent, par bonheur, évité. Quelques tentatives dans ce sens, faites par les chrétiens, ont échoué. Mais, dans d'autres pays, comme en France, en Belgique, en Hollande, en Italie, le mouvement coopératif est, au contraire, très divisé : d'où le développement très difficile de l'achat en gros et de la production. »

Ce n'est pas encore le moment de discuter ce que valent les arguments de von Elm et si, par exemple, c'est l'affiliation d'un grand nombre des coopératives belges ou françaises au parti socialiste qui est cause de leur faible fédéralisation. Un fait reste acquis : c'est que, dans leur masse les socialistes allemands — et un radical comme Wurm, se rencontre sur ce point avec un « revisionniste » comme von Elm — sont d'accord pour dire que le mouvement coopératif doit rester politiquement neutre.

Seulement, il y a bien des manières de concevoir cette neutralité, et, pour s'en convaincre on n'a qu'à suivre les polémiques qui s'engagent, à chaque instant, entre les organes du Parti, *Neue Zeit* et *Vorwärts* en tête, et le *Journal officiel du Z.-V.*, la *Konsumgenossenschaftliche Rundschau*.

Au lendemain, par exemple, de la lutte si énergiquement menée par la social-démocratie contre le relèvement des droits protecteurs (1909), nombre de socialistes s'étaient plaints de l'inaction complète de la K.-R. dans une question qui intéressait au premier chef, les consommateurs organisés. La rédaction de la K.-R. leur répondit :

« Il y a un parfait accord parmi les coopératives affiliées au Z.-V., pour admettre que ce n'est pas l'affaire de l'organe officiel et de la presse du Z.-V., de faire de l'agitation, dans le sens de la social-démocratie, de batailler contre le *Steuer-*

block ou de préparer les élections. L'intervention dans la lutte contre les nouveaux impôts, de la manière souhaitée par le *Vorwärts* ou la *Leipziger Volkszeitung* a été purement et simplement écartée, parce qu'elle nous eût engagés dans les luttes de parti. Cela ne veut pas dire, au surplus, que, du point de vue de l'organisation des consommateurs, il n'y eut pas beaucoup d'objections à faire contre la politique fiscale nouvelle. »

Cette attitude d' « hyperneutralité » des dirigeants de la coopération s'explique, dans une large mesure, par des préoccupations de tactique coopérative, par la crainte de tomber sous le coup de la loi, qui interdit expressément aux coopératives toute action politique, par le souci de ne pas augmenter encore l'hostilité, déjà très grande, des partis bourgeois contre les groupes affiliés au Zentral-Verband. Mais on ne saurait douter que, chez certains rédacteurs de la *Konsumgenossenschaftliche Rundschau*, elle procède, en outre, d'une tendance à opposer au Marxisme, la conception Rochdalienne du Coopératisme se suffisant à lui-même et réalisant par son propre effort, la conquête coopérative de la production et de l'échange[1].

---

1. Cf. Fleissner, *Genossenschaften und Arbeiterbewegung*, p. 49 et suiv.

Ce sont là, d'ailleurs, des opinions isolées, qui n'ont aucune chance de prévaloir dans des milieux où l'influence socialiste prédomine déjà et où elle ne manquera pas de devenir plus puissante encore, maintenant que la social-démocratie a pris nettement une attitude favorable à l'égard de la coopération.

Les adversaires du Zentral-Verband, au surplus, ne s'y trompent pas. Malgré les protestations officielles de la *Konsumgenossenschaftliche Rundschau*, ils s'obstinent à dénoncer, en toutes occasions, les tendances réelles des « coopératives social-démocratiques », et, à vrai dire, on ne saurait sérieusement contester que, dans le plus grand nombre des cas, la neutralité des coopératives locales soit plus apparente que réelle [1].

Certes, ces coopératives, comme telles, ne font pas de politique. Elles ne se déclarent pas, et, d'ailleurs, ne pourraient pas se déclarer socialistes.

---

1. On trouvera de nombreux extraits d'articles de journaux conservateurs ou cléricaux dénonçant les tendances socialistes des coopératives du Z.-V. dans les *Annuaires* de cette Fédération. Voir notamment le *Jahrbuch des Zentral-Verbandes Erstes Band*, p. 142 et suiv., 1911; Herausgegeben von dem Generalsekretär des Z.-V., Heinrich Kauffmann, Hamburg, 1911. — La réfutation de ces articles par le citoyen Kauffmann ne laisse pas d'être médiocrement convaincante.

Mais elles se composent, en immense majorité
d'ouvriers socialistes. Elles sont administrées par
des militants du parti. Elles font, pratiquement,
du socialisme en créant des fonds de solidarité
pour leurs membres et même des fonds de réserve
pour résistance en cas de grève ou de lock-out,
en faisant avec les syndicats libres des contrats
collectifs de travail pour leur personnel, en agissant sur les conditions de travail dans les entreprises de leurs fournisseurs, en organisant leur
production propre, en faisant l'éducation des travailleurs pour la direction indépendante des
entreprises. Dans beaucoup de localités même,
elles ont des délégués permanents qui ont pour
mission de discuter, avec les délégués des syndicats et du parti, toutes les questions qui intéressent, à la fois, les syndicats, le parti et les coopératives.

Bref, dans l'état actuel des choses, il semble
que l'on puisse souscrire à cette appréciation de
l'organe des syndicats chrétiens, le *Westdeutsche
Arbeiterzeitung*, reproduite, avec les protestations
d'usage, par l'Annuaire de Z.-V. pour 1911 :

« Aujourd'hui, les dirigeants de beaucoup de
coopératives locales sont des « genossen ». La
direction du Zentral-Verband est, en fait, social-

démocrate. Certes, le rapprochement entre les coopératives et le parti n'est pas encore aussi intime, qu'entre le parti et les syndicats « indépendants ». On ne peut pas encore dire que le Zentral-Verband et le Parti ne font qu'un. A vouloir qu'il en soit ainsi, on se heurterait à la résistance de quelques coopératives du pays rhénan, que l'on ne veut pas attaquer de front. On s'exposerait peut-être aussi à des difficultés du côté de la législation. Mais déjà, le 8ᵉ Congrès coopératif (Münich, 1909), a fait un pas dans le sens du rapprochement, en concluant des accords avec les syndicats social-démocrates; et bientôt le Parti socialiste ne manquera pas de présenter la note à payer, pour la propagande si intense que fait sa presse en faveur des coopératives du Zentral-Verband. »

Contre de telles affirmations, bien entendu, le Z.-V. proteste. Mais les faits parlent plus haut que ces protestations, et, d'ailleurs, des coopérateurs socialistes comme Fleissner, le rapporteur de la résolution de Magdebourg, ne tiennent pas un autre langage que les adversaires, sur l'orientation actuelle et future du mouvement coopératif.

Ainsi que le constate Fleissner, les Konsumvereine sont devenus de grandes associations ouvrières. Elles sont combattues, de tous côtés, avec la plus extrême âpreté. Les classes moyennes, les partis bourgeois, les autorités gouvernementales leur sont hostiles. Elles forment, par conséquent, une organisation qui a toutes raisons de se tourner vers ceux qui, dans cette lutte, sont disposés à les soutenir. Les intérêts matériels et politiques du Z.-V. coïncident avec ceux de la social-démocratie : ses intérêts matériels, parce que la social-démocratie s'efforce de faire prospérer toutes les organisations qui procurent des avantages à la classe ouvrière; ses intérêts politiques, parce que, dans les assemblées parlementaires, comme dans la presse, les partis bourgeois s'efforcent tous, plus ou moins, de combattre les Konsumvereine, soit par des lois d'exception, soit par des mesures fiscales. Seules, la social-démocratie adopte, sans réserves, et avec toutes ses conséquences, le point de vue des coopératives. Il est bien naturel, dès lors, que des relations de plus en plus intimes s'établissent entre l'organisation coopérative et l'organisation politique de prolétariat.

De même que les coopératives de l'Allemagne proprement dite, les coopératives du Zentral-

Verband autrichien et de l'Union suisse des sociétés de consommation, puissantes surtout dans la Suisse allemande, se déclarent politiquement neutres. Mais en Suisse c'est parce qu'elles le veulent; en Autriche, c'est plutôt parce que la loi les y oblige.

Au Congrès international de Copenhague (1910), le délégué autrichien Karpeles, qui fut rapporteur de la résolution sur la Coopération répondait, en ces termes, à von Elm :

« Quand le camarade von Elm demande ce qu'a produit le système belge, qu'il regarde donc ce qui se passe en Autriche, où nous nous sommes inspirés de l'exemple belge! Certes, en Autriche, l'affiliation n'est pas obligatoire. Tout le monde peut entrer dans une coopérative, mais le Parti a déclaré que chacun de ses membres avait pour devoir de faire partie de sa coopérative et ce n'est que depuis lors que la coopération a pris son véritable développement. Un délégué des coopératives siège au Comité central du Parti et *vice versa*. La loi, en la matière, est la même chez nous qu'en Allemagne, mais nous arrivons aisément à la tourner et elle n'empêche pas les coopératives d'intervenir pécuniairement dans les luttes politiques. Il n'est pas une élection où elles ne fassent leur devoir... La coopération est une bonne arme pour le prolétariat. L'ouvrier autrichien n'a jamais pu diviser sa tête en trois compartiments : l'un pour sa politique, un autre pour son syndicat, un troisième pour la coopération. Il garde toute sa tête pour le socialisme et pour le servir[1]. »

La lecture des Annuaires du Z.-V. autrichien suffit d'ailleurs à montrer que, sous les formes de la neutralité, les associations qui s'y rattachent ont des tendances nettement socialistes[2].

En Suisse, au contraire, où le mouvement socialiste s'est développé plus tardivement et plus faiblement que la coopération, l'Union des sociétés de consommation a été, jusque dans ces dernières années, l'une des forteresses du neutralisme. C'est à Bâle, en 1907, que le Dr Hans Müller, secrétaire général de l'Union, publia sa brochure — dont nous parlerons plus loin — sur *Le principe de la neutralité du mouvement coopératif de consommation*[3]. Tout en se déclarant socialiste, il y com-

---

1. Huitième Congrès socialiste international (Copenhague, 1910), *Compte rendu analytique* publié par le B. S. I., Gand, 1911.

2. Voir par exemple le Rapport du Verbandsekretär, dans le *Jahrbuch des Zentralverbandes Österreichischer Konsumvereine*, 1910, Wien, 1911, p. 17 et suiv.

3. *Die Klassenkampftheorie und das Neutralitätsprinzip der Konsumgenossenschaftbewegung*, Basel, 1907.

battait âprement la « politique de classe de la
social-démocratie » et soutenait que le principe de
la « lutte des classes constitue pour la coopération
un élément de décomposition — une espèce de
dynamite anti-coopérative ».

La brochure du Dr Müller suscita, au moment
de sa publication d'assez vives polémiques. Mais
il semble que, depuis lors, l'état des esprits se
soit modifié. Le député socialiste neuchatelois,
C. Naine, nous écrivait, en janvier 1912 :

« Les polémiques soulevées par la brochure de
Hans Müller en 1907, au sujet de la position que
doivent prendre les coopératives de consommation dans la lutte de classe, sont maintenant
éteintes.

« Les chefs du mouvement coopératif depuis
plusieurs années n'osent plus prétendre que ce
mouvement est neutre, qu'il doit rester étranger
à la lutte de classe, car les faits, en particulier,
l'accaparement et le renchérissement qui en est
résulté, les ont obligés à prendre carrément position contre le capitalisme. Le journal *La Coopération* qui était une feuille assez fade, parce
que ses inspirateurs craignaient de porter atteinte
à leur principe de neutralité, est devenu, entre
les mains de notre camarade socialiste Pronier, un

instrument de lutte. Souvent ce journal est aussi agressif vis-à-vis des capitalistes que nos journaux socialistes. Sur leur terrain, les coopératives poursuivent donc une lutte de classe de plus en plus ardente et leurs membres en sont de plus en plus conscients. Les chefs, il est vrai, ne l'avouent pas encore publiquement; mais c'est superflu et nous ne les attaquons pas pour cela, puisqu'on nous donne raison dans les faits. »

En résumé, lorsqu'on passe la revue du mouvement coopératif en Europe, on est amené à reconnaître que le système belge — incorporation des coopératives ouvrières au parti socialiste — constitue un fait plutôt exceptionnel. Dans la plupart des pays, la coopération s'est développée sans que les socialistes, ou du moins les partis socialistes, y portent grand intérêt, et, lorsque, par ses résultats, elle s'est imposée à leur attention, il eût été imposible d'intégrer des coopératives dans l'organisation politique du prolétariat, sans modifier de fond en comble cette organisation même et, d'autre part, provoquer de regrettables divisions parmi les coopérateurs.

Mais si le *système belge* n'a point prévalu — sauf dans certaines villes de France, d'Italie et des Pays-Bas — les *idées belges* ont puissamment agi sur l'attitude des socialistes à l'égard de la coopération et sur le développement même de la coopération dans les autres pays.

Karpeles, rapporteur de la Commission des coopératives les reconnaissait en ces termes au Congrès de Copenhague :

« Bien que nous ne puissions implanter en Autriche le système belge, nous ne pouvons cependant nous empêcher de reconnaître hautement le mérite des Belges, et, surtout, des anciens comme Anseele et Bertrand. Ils doivent se réjouir de ce débat, qui consacre le triomphe de la coopération qu'ils ont lancée et qui fut jadis tant raillée et bafouée[1]. »

Le temps n'est plus, en effet, aux railleries et aux sarcasmes. Les anciennes préventions sont tombées. Tout le monde, aujourd'hui, dans les milieux socialistes, reconnaît l'importance des coopératives de consommation. Tout le monde admet que les militants ont pour devoir de faire partie, à la fois, de leur coopérative, de leur syndicat et de leur groupe politique. Et, dans ces conditions, il est inévitable que, dans tous les

1. Huitième Congrès socialiste international, *Compte rendu analytique*, p. 96.

pays où le socialisme arrive à l'âge de raison, la question soit posée des rapports entre le mouvement coopératif, le mouvement syndical et le mouvement politique.

Mais, sur ce que doivent être ces rapports, il y a, parmi les socialistes mêmes, deux tendances opposées.

Les uns se prononcent, avec plus ou moins de restrictions, pour la thèse neutraliste de Fournière, du Dr Hans Müller, des dirigeants de la *Konsumgenossenschaftliche Rundschau*. Les autres, au contraire, s'inspirant de l'exemple et de la pratique des socialistes belges, estiment que la coopération doit se placer sur le terrain de la lutte de classe, s'imprégner de l'esprit socialiste et, tout en gardant son autonomie, travailler, d'accord avec les syndicats et le parti, à affranchir le prolétariat de la domination capitaliste.

Ces deux tendances ont eu l'occasion de s'affirmer et de se contredire, en 1910, dans deux grandes réunions internationales : le Congrès socialiste de Copenhague et le Congrès de l'Alliance coopérative universelle à Hambourg.

§ 4.

LE CONGRÈS DE COPENHAGUE

C'est à la demande des socialistes belges que la question des coopératives fut mise à l'ordre du jour du Congrès de Copenhague. Après une expérience d'un quart de siècle, les coopérateurs socialistes, forts des résultats obtenus, croyaient pouvoir demander au socialisme international de reconnaître la valeur de leurs efforts et, peut-être, de donner une consécration officielle à leurs méthodes, en émettant le vœu que « des liens *organiques*, de plus en plus étroits, s'établissent entre les partis socialistes et les coopératives et que là où la législation le permet, elles adhèrent effectivement au parti en consacrant une partie de leurs bonis à des œuvres de propagande, d'éducation et de lutte pour l'émancipation de la classe ouvrière[1] ».

[1]. Projet de résolution proposé par les délégués belges. Voir Huitième Congrès socialiste international, *Compte rendu analytique*, p. 90.

Sur le premier point — hommage aux résultats obtenus — tout le monde fut d'accord, et Anseele put s'accorder la satisfaction de dire : « Après les pommes cuites, voici pour les coopérateurs socialistes belges, les fleurs. Merci! » Mais, sur le second point, sur le projet de résolution, la bataille fut immédiatement engagée entre les partisans du système belge et les « neutralistes ».

Cette bataille, au surplus, ne fut pas exempte de quelque confusion. Si la majorité neutraliste de la Section française, d'une part, et les Belges, les Hollandais, la minorité des Français, d'autre part, défendaient deux thèses nettement opposées, les Allemands, les Autrichiens, et avec eux les Italiens, les Tchèques, les Scandinaves, etc., représentaient plutôt une série d'opinions intermédiaires, dont la conciliation dans une formule transactionnelle, acceptable pour les Belges, n'était pas impossible. Après bien des tractations, d'ailleurs, la majorité de la section française finit par se rallier à cette formule. C'était le meilleur moyen d'empêcher que l'on n'y voye la condamnation explicite de la thèse qu'elle avait défendue. Mais on va voir qu'il est difficile de prétendre que la résolution de Copenhague soit aisément

conciliable avec les opinions défendues par nos
camarades français.

Sans aller jusqu'à dire, comme Fournière, que
le mouvement coopératif est la négation même de
la lutte des classes, Héliès, Thomas, et d'autres
orateurs de la section française, soutenaient que
la coopération est socialiste par nature, qu'elle
tend à réaliser, spontanément, une socialisation
au moins partielle des moyens de production et
d'échange, que, par conséquent, il est inutile de
lui donner une étiquette politique et dangereux
de vouloir la subordonner au Parti socialiste.
Certes, nos camarades souhaitaient, autant que
personne, de voir s'établir de bons rapports entre
l'organisation politique et l'organisation coopérative du prolétariat. Mais, de même qu'à Stuttgart,
ils avaient combattu de toutes leurs forces l'idée
d'établir des liens « organiques » entre les syndicats et le parti, ils estimaient que l'on risquerait
d'aboutir à un résultat opposé, si l'on proposait
de forcer les choses et si l'on ne proclamait pas
nettement l'indépendance absolue du mouvement
politique et du mouvement coopératif. Le *noli me
tangere* que la Confédération générale du travail
(C. G. T.) imposait au Parti socialiste, il fallait

y consentir également, dans l'intérêt de l'unité coopérative.

Cette thèse fut énergiquement combattue — comme elle avait été combattue à Stuttgart — par les socialistes belges et hollandais.

Ils admettaient, certes, que l'attitude de la majorité de la section française puisse s'expliquer, et, peut-être, se justifier momentanément par l'état d'esprit de la classe ouvrière en France.

Mais, lorsque les défenseurs de la thèse séparatiste prétendaient ériger leur tactique en formule générale, lorsqu'ils représentaient le système de la cloison étanche entre les coopératives et le parti comme un idéal, allant jusqu'à soutenir que si les socialistes d'autres pays n'agissaient pas comme eux, c'est parce qu'ils étaient à un stade moins avancé de l'évolution ouvrière, les partisans de la coopération socialiste devaient nécessairement leur tenir tête. Et, somme toute, ils obtinrent gain de cause.

Au début de la discussion on eut pu croire que les Belges, les Autrichiens et les Allemands représentaient des tendances nettement divergentes. Les Belges, en effet, se prononçaient pour l'affiliation des coopératives au Parti. Les Autrichiens, avec Karpelès, voulaient que, tout au moins, il y eût entre elles et le Parti des liens toujours plus intimes. Les Allemands, au contraire, dont Von Elm soutenait l'opinion avec une remarquable ténacité, se prononçaient pour la neutralité coopérative. Lors même, déclaraient-ils, que la législation allemande n'interdirait pas aux coopératives de faire de la politique, nous n'accepterions pas la résolution belge [1].

Mais il ne fallut pas longtemps pour se convaincre que Von Elm, et d'une manière générale les Allemands, comprenaient d'une manière toute spéciale, la neutralité :

« Nous sommes tous d'avis, déclara Von Elm, que la coopération doit, autant que possible, être mise au service de l'action ouvrière, et si les travailleurs le veulent, ils le peuvent. C'est ainsi que nous pratiquons en Allemagne. A Hambourg, par exemple, la coopérative « Produktion » fait pour l'action ouvrière et pour l'ouvrier au moins autant que les coopératives des autres pays. Elle ne verse pas de bénéfices, mais constitue pour chaque coopérateur un fonds de réserve de cent marks, qui permet de résister aux grèves et aux lock-out. La « Produktion » a construit aussi

1. *Compte rendu analytique*, p. 95.

des habitations ouvrières, avec des locaux. Ces locaux sont réservés aux groupes ouvriers [1]. »

On a pu voir, d'ailleurs, dans le chapitre consacré à l'Allemagne, que la plupart des coopérations du Zentral-Verband sont dirigées par des socialistes ; qu'elles se composent, en très grande majorité, d'ouvriers socialistes ; qu'elles envoyent, dans beaucoup de localités, des délégués à un Comité où ils délibèrent, sur leurs intérêts communs, avec les délégués des syndicats et du parti ; qu'elles constituent un mouvement de classe que tous les adversaires de la coopération libre représentent comme un mouvement socialiste.

Dans ces conditions, Von Elm avait raison de dire que « Neutralité » est un mot impropre, de nature à créer des malentendus. Il préférait l'expression « Non affiliation [2] ». Mais, dès lors, ce qui le séparait des Belges, ou des Autrichiens, était une question secondaire, susceptible de solutions différentes, selon les milieux. Sur les principes, en somme, on était d'accord, et cet accord fut consacré par le texte suivant, que le Congrès vota à l'unanimité :

1. Analytique, *loc. cit.*, p. 95.
2. *Ibid.*, p. 101.

« Considérant que les sociétés coopératives de consommation ne procurent pas seulement des avantages matériels immédiats à leurs membres, mais sont destinées :

« 1° A augmenter la puissance du prolétariat par la suppression des intermédiaires et par la création de services de production, dépendant des consommateurs organisés ;

« 2° A améliorer les conditions de la vie ouvrière ;

« 3° A éduquer les travailleurs pour le réglement en pleine indépendance de leurs affaires propres et les aider ainsi à préparer la démocratisation et la socialisation des forces d'échange et de production.

« Considérant que la coopération, à elle seule, serait impuissante à réaliser le but poursuivi par le socialisme, qui est la conquête des pouvoirs publics pour l'appropriation collective des moyens de travail.

« Le Congrès, tout en mettant les travailleurs en garde contre ceux qui soutiennent que la coopération se suffit à elle-même, déclare que la classe ouvrière a le plus puissant intérêt à utiliser, dans sa lutte de classe, l'arme coopérative.

« Il engage donc tous les socialistes et tous les

membres des syndicats à participer activement au mouvement coopératif, afin d'y développer l'esprit de socialisme et d'empêcher que les coopératives ne dévient de leur rôle d'éducation et de solidarité ouvrières.

« Les coopérateurs socialistes ont pour devoir de lutter dans leurs sociétés :

« 1° Pour que les trop perçus ne soient pas exclusivement restitués aux membres, mais qu'une part en soit affectée, soit par les coopératives elles-mêmes, soit par les Fédérations de Magasins de gros, au soutien de leurs membres, au développement de la production coopérative, à des buts d'éducation et d'enseignement;

« 2° Pour que les conditions de salaire et de travail des coopératives soient réglées d'accord avec les syndicats;

« 3° Pour que l'organisation du travail y soit exemplaire et que les achats de marchandises y soient effectués en tenant compte des conditions de travail de ceux qui les ont produites.

« Il appartient aux organisations coopératives, dans chaque pays, de décider si, et dans quelle mesure, elles aideront directement de leurs ressources, le mouvement politique et syndical.

Étant donné que les services que la coopération

peut rendre à la classe ouvrière seront d'autant plus grands que le mouvement coopératif lui-même sera plus fort et plus uni, le Congrès déclare que les coopératives de chaque pays, qui sont constituées sur la base de la présente résolution, doivent former une seule Fédération.

« Il déclare, en outre, que la classe ouvrière, dans sa lutte contre le capitalisme, a le plus grand intérêt à ce que les syndicats, les coopératives et le parti socialiste, tout en conservant leur autonomie et leur unité propres, soient unis par des relations tous les jours plus intimes[1]. »

Cette résolution de Copenhague ressemble à beaucoup d'autres résolutions de Congrès internationaux. Elle a mis d'accord les socialistes des diverses nationalités, en soulignant ce qui les rapprochait. Mais elle a glissé sur ce qui les divisait, et, après, comme avant Copenhague, les socialistes Belges et les Français, par exemple, ont pu continuer à suivre, au sujet des rapports entre la coopération et le parti, des tactiques nettement opposées.

Cependant, il convient de retenir qu'à Copen

____

1. Huitième Congrès international. *Compte rendu analytique*, loc. cit., p. 181.

hague on a été unanime à dire : 1° que la coopération ne se suffit pas elle-même ; 2° qu'à elle seule, elle serait impuissante à réaliser le but poursuivi par le socialisme, qui est la conquête des pouvoirs publics pour réaliser l'appropriation collective des moyens de production ; 3° que la classe ouvrière, dans sa lutte contre le capitalisme, a le plus grand intérêt à ce que les syndicats, les coopératives et le parti socialiste, tout en conservant leur autonomie et leur unité propres, soient unis par des relations tous les jours plus intimes.

Or, cette union intime des diverses formes de l'action prolétarienne va directement à l'encontre de la thèse neutraliste des *nur-genossenschaftler*, des coopératistes purs, à la manière de M. Charles Gide ou de M. Hans Müller.

LE CONGRÈS DE HAMBOURG

Quelques jours après le Congrès de Copenhague, se tint à Hambourg, du 5 au 7 septembre 1910, le 8e Congrès de l'Alliance coopérative internationale. Le Secrétaire général de l'Alliance, M. Hans Müller, dans son rapport sur la situation du mouvement coopératif international, eut précisément l'occasion d'exposer sa conception personnelle de la coopération[1].

Après un aperçu statistique sommaire, M. Müller constata que les sociétés de consommation de tous les pays présentent trois traits communs : le premier consiste à se rapprocher toujours davantage d'un type unique et international ; le second, à manifester constamment des activités nouvelles :

1. *Compte rendu des délibérations du 8e Congrès de l'Alliance coopérative internationale.* — Rapport sur le développement actuel et futur de la Coopération, p. 92 et suiv., Londres, 1911.

après s'être occupé des denrées alimentaires, elles vont en fabriquer, elles fournissent à leurs membres le logement, la pharmacie, les soins aux malades; elles créent des maisons pour convalescents, des colonies de vacances; elles organisent des cours, des conférences, des écoles; quant à la troisième tendance commune, c'est le fédéralisme : elle s'unissent entre elles, nationalement et internationalement, d'une façon toujours plus étroite, exerçant ainsi une influence croissante dans le domaine économique par l'importance de leurs achats et la direction qu'elles peuvent imprimer à ceux-ci.

Passant ensuite aux rapports des coopératives avec les pouvoirs publics, M. Müller fit observer que les sociétés coopératives ne sauraient s'interdire d'exercer une influence sur les lois existantes, dans la mesure où elles y ont intérêt. Il paraît probable, en effet, que les sociétés de consommation seront obligées à l'avenir, plus encore que par le passé, de lutter par des actions politiques, afin de maintenir leur position. Étant incapables de les évincer dans l'ordre économique, leurs adversaires cherchent, de plus en plus, à entraver systématiquement leur développement par une législation économique réactionnaire.

Les adversaires de la Coopération cherchent à amener sur le terrain de la politique la lutte qui s'est engagée autour des sociétés de consommation. Il faudra bien les suivre. Mais il ne s'ensuit pas que la coopération de consommation doive prendre le caractère d'une espèce de parti politique, se donner un programme politique à elle. Et, d'autre part, il ne faut pas que les coopératives ou les unions coopératives adhèrent à un parti déterminé, deviennent, par exemple, des dépendances du Parti socialiste. Elles doivent, au contraire, conserver leur indépendance vis-à-vis de tous les partis et décider de leurs affaires en s'inspirant uniquement des principes coopératifs, sans ingérence de groupe vivant en dehors des coopératives :

« Le mouvement coopératif de consommation n'est pas un mouvement de classe, puisque l'intérêt des consommateurs est le même à travers toutes les classes, comme à travers tous les peuples. »

Et M. Müller concluait en disant : « Pas d'exclusion prononcée contre une classe quelconque de consommateurs. Il y a un intérêt de consommateur qui domine tous les antagonismes de classes ou de nations. Ainsi la Coopération de consommation aide à créer les fondements économiques d'une civilisation sociale exempte de l'exploitation de l'homme par l'homme. Et c'est précisément pourquoi nous devons nous abstenir d'en faire une arme dans les luttes des partis, des classes et des peuples, qui déchirent la société contemporaine, car si nous le faisions, ce serait non seulement lui enlever ce qui constitue sa mission historique, mais lui inoculer le virus des luttes intestines et de la désagrégation. »

Ce rapport, qui effleurait tant de questions litigieuses, ne fut que très superficiellement discuté. On accordait libéralement aux orateurs inscrits cinq minutes pour présenter leurs observations. Aussi, les socialistes présents, et spécialement Fleissner, qui allait être le rapporteur de la résolution de Magdebourg, se bornèrent-ils à d'expresses réserves. Le Congrès d'ailleurs parut leur être favorable et, finalement, on vota une longue résolution qui, sous une forme un peu vague et hésitante, n'en coïncide pas moins sur des points essentiels, avec la résolution de Copenhague.

En voici les passages principaux :

« Dans la mesure où les consommateurs se groupent dans les sociétés de consommation, ils créent, par ce fait, une *organisation de la puissance d'achat du revenu du travail*, organisation qui met les classes laborieuses à même d'organiser, dans une mesure de plus en plus large, le travail lui-même sur la base coopérative, c'est-à-dire qu'après y être entrés comme consommateurs, ils y entrent aussi, peu à peu, comme agents producteurs.

« L'organisation de cette puissance d'achat par des sociétés de consommation ne peut réussir qu'à la condition qu'elle soit basée sur les principes d'une organisation démocratique de paiement au comptant, de la non limitation du nombre des membres, de la fixation des prix de vente suivant les prix de marché local et de remboursement aux membres des trop perçus correspondant à leur consommation individuelle. En outre, il est recommandé de former des fonds collectifs dont le montant ne sera pas trop limité et qui resteront indivisibles, et, aussi, de donner aux membres le moyen de déposer leurs économies à la coopérative.

« Les Fédérations organisées par les sociétés de consommation pour l'achat en gros et la production des articles de consommation courante — les Magasins de Gros — sont non seulement destinés à favoriser l'activité et le développement de la coopération distributive, mais, aussi, à appliquer effectivement des principes coopératifs dans le domaine économique national et international.

« Par le développement de leurs entreprises commerciales et productives, les coopératives de toutes sortes deviennent, de plus en plus, des employeurs de main-d'œuvre. Il est, de ce chef, de leur devoir d'accorder à leurs ouvriers et employés des conditions de travail et de salaires modèles et aussi de respecter le droit de coalition. »

Les résolutions, presque simultanées, de Copenhague et de Hambourg, permettent de mesurer le chemin parcouru depuis que la fondation, le succès et l'imitation de Vooruit ont ramené les socialistes à la coopération. A l'époque où, sous l'influence des théories lassaliennes, ils restaient dédaigneusement à l'écart du mouvement coopératif, la direction de ce mouvement, sauf dans la Coopérative-Union d'Angleterre, appartenait à des bourgeois libéraux, tels que de Boyve, Charles Robert, Grüger, Van Sittart Neale, soucieux d'opposer l'Alliance coopérative aux « utopies révolutionnaires », afin de les combattre plus efficacement. Ils ne voyaient de salut que dans la participation aux bénéfices et considéraient surtout la coopération comme un contrepoids à créer au mouvement social-démocrate ouvrier.

C'est ainsi qu'au 2ᵉ Congrès coopératif international (Paris, 1896), Charles Robert disait, dans le rapport qu'il avait déjà sur le projet de statuts de l'Alliance :

« La coopération, telle que l'Alliance veut la propager, poursuit la formation de petites fortunes en accumulant l'épargne obtenu grâce aux sociétés de consommation, l'utilisation des institutions de prévoyance de toutes sortes et, avant tout, la création d'un grand nombre de coopératives ouvrières de production indépendantes et prospères, la diffusion du crédit au projet de ces coopératives et des ouvriers isolés. Pour nous, il s'agit d'un mouvement général d'ascension, de libération et de progrès qui serve à la fois les intérêts des ouvriers et ceux de la société entière. Cette manière de concevoir et d'appliquer la coopération est absolument incompatible avec le système qui consisterait à fonder des sociétés de consommation ou à s'en emparer, afin de faire de leurs bénéfices ou leurs bonifications capitalisés un trésor de guerre de collectivisme et de la révolution[1]. »

Il fallut des années encore pour que, par la disparition ou la sécession des partisans de la coopération individualiste, l'Alliance coopérative, libérée du crétinisme petit bourgeois et transformée par l'adhésion des coopérateurs socialistes, se trouve, en immense majorité d'accord pour « considérer le mouvement coopératif comme un grand mouvement anti-capitaliste de réforme sociale. »

Cette formule, que nous empruntons à l'*Annuaire du Mouvement coopératif international*, publié par le Comité central de l'Alliance, est aujourd'hui adoptée, tant par les coopérateurs socialistes que par leurs adversaires neutralistes, tels, par exemple, que M. Hans Müller.

Dans l'étude que publia ce dernier en 1910[2], sous le patronage du Comité central, on peut lire, par exemple, ce qui suit :

« Il est impossible de nier l'affinité intellectuelle qui existe entre le mouvement ouvrier inter-

---

1. *Annuaire du Mouvement coopératif international*, 1re année, p. 88, Londres, 1911.

2. *Ibid.*, Hans Müller, *Le Mouvement coopératif international exposé dans un développement historique*, p. 131 et suiv.

national et le mouvement coopératif international tel qu'il s'incarne dans notre Alliance. Il ne saurait par conséquent plus être question d'opposer en principe, comme voulaient le faire au début Neale et de Boyve, l'Internationale coopérative à l'Internationale des ouvriers socialistes... En un certain sens on peut même prétendre que le mouvement coopératif est encore plus révolutionnaire que les plus radicaux des révolutionnaires politiques, car ces derniers peuvent tout au plus jeter par-dessus bord des institutions juridiques et administratives surannées, mais ils ne pourront jamais modifier la structure économique de la société, pour cette raison déjà que celle-ci ne saurait être bouleversée par la violence et par la prépondérance politique. Au contraire, le mouvement coopératif favorise la transformation du mode capitaliste en mode coopératif par le moyen des organisations économiques qu'il crée, et il révolutionne ainsi la base sur laquelle reposent les institutions politiques et sociales. Il remplace l'entreprise capitaliste par l'entreprise coopérative. Cette activité a beau s'exercer sans bruit, et d'une manière absolument légale, elle n'en contribue pas moins à transformer la société sur une base économique absolument différente du capitalisme. »

Nous voilà loin de l'idéal anti-socialiste des fondateurs de l'Alliance.

Mais si le Dr Müller et les dirigeants « neutralistes » de cette Association ne veulent plus, comme leurs prédécesseurs, opposer la coopération au socialisme, s'ils admettent, au contraire, que leur victoire sur les coopérateurs individualistes a été, dans une certaine mesure, la victoire du socialisme coopératif, ils affirment, d'autre part, que la coopération doit maintenir son indépendance vis-à-vis du mouvement ouvrier, ils déclarent qu'un mouvement coopératif basé sur le sentiment de classe est une absurdité, ils s'élèvent, enfin contre la prétention des partis socialistes de s'annexer le mouvement coopératif et de s'en servir comme « troisième corps d'armée dans la lutte des classes ».

C'est sur ces divers points que la coopération neutre et la coopération socialiste s'opposent. Il nous reste à y insister.

CHAPITRE III

LES RAPPORTS ENTRE LE SOCIALISME
ET LA COOPÉRATION :
CE QU'ILS DOIVENT ÉTRE

Pour étudier les rapports qui doivent exister entre la coopération et le socialisme, ainsi que pour se rendre compte de la valeur socialiste que peut avoir la coopération, il importe d'abord de définir ce qu'il faut entendre par « société coopérative ».

A cet égard, les définitions d'ordre juridique que nous trouvons dans les lois sur la matière ne peuvent, en général, nous apprendre grand'chose.

La loi belge sur les sociétés commerciales, par exemple, dit que « la société coopérative est celle qui se compose d'associés dont le nombre ou les apports sont variables et dont les parts sont incessibles à des tiers ».

Ce qui caractérise donc, aux yeux du législateur, la société coopérative, par opposition à la société anonyme, c'est que la première est une société de *personnes*, dont les parts sont incessibles, tandis que l'autre est une société de *capitaux*, représentés par des actions, qui peuvent passer de mains en mains.

Mais, sous cette dénomination juridique de coopératives, on comprend des associations qui diffèrent beaucoup entre elles, tant au point de vue de la structure que du but qu'elles poursuivent.

Sans parler des entreprises qui n'ont de coopératif que l'étiquette, et sont, en réalité, des sociétés capitalistes, il est assez généralement admis que l'on peut classer les coopératives en trois groupes principaux : les coopératives de crédit, les coopératives de production et les coopératives de consommation.

Les coopératives de crédit, comme leur nom l'indique, ont pour objet de procurer du crédit, aux meilleures conditions possibles, à des agriculteurs, des artisans, des commerçants, désireux de se soustraire aux conditions onéreuses, ou même usuraires, que leur font des particuliers ou des sociétés financières. Pareilles associations, certes, peuvent rendre de grands services. Mais elles se composent, en général, de petits bourgeois. Elles ont pour but de leur conserver ou de leur procurer la propriété individuelle de leurs moyens de production ou d'échange. Elles ne présentent, par conséquent, aucun intérêt au point de vue spécial qui nous occupe.

Quant aux sociétés de crédit collectif, aux Banques coopératives, qui existent, par exemple, en Angleterre, en France, en Allemagne, elles ont pour but principal, ou exclusif, de créditer des sociétés coopératives de production ou de consommation. Leur valeur, au point de vue socialiste, dépend donc de la valeur qu'il convient d'attribuer à celles-ci.

LES SOCIÉTÉS DE PRODUCTION

Bernard Lavergne a raison de dire que cette expression courante : sociétés de production, est fort critiquable. Elle semble indiquer, en effet, que les sociétés de cette catégorie sont les seules qui produisent, qui transforment en produits achevés des matières brutes ou demi-brutes, tandis que les sociétés de consommation ou de distribution se borneraient à distribuer des marchandises aux consommateurs. Or, nous savons que rien n'est plus inexact. L'une des caractéristiques essentielles, au contraire, des sociétés de consommation du type moderne, c'est que, dans leurs propres fabriques, ou dans les fabriques des magasins de gros, elles produisent une grande, et toujours plus grande partie, de ce qu'elles vendent à leurs membres. En Allemagne, par exemple, en 1910, la production autonome des sociétés du Zentral-Verband représentait 81 millions de marks, sur un chiffre d'affaires total de 500 millions. En Angleterre, la production des deux Wholesales dépasse infiniment en importance la production de toutes les coopératives de production indépendantes. Ce qui différencie, en réalité, les sociétés de consommation des sociétés dites de production, ce n'est pas le fait même de produire. Mais, productrices ou non productrices, les sociétés de consommation sont des groupements de consommateurs et l'intérêt de ces consommateurs y domine. Les sociétés de production, au contraire, se composent de producteurs. Dans ces conditions, et pour éviter toute équivoque, mieux vaut, ou mieux vaudrait — si l'autre appellation n'était pas consacrée par l'usage — les appeler, non coopératives de production, mais coopératives de producteurs.

Parmi ces coopératives de producteurs, il en est qui se composent de patrons — paysans, propriétaires fonciers, ou même grands seigneurs — qui s'associent, sous l'étiquette coopérative, non pour produire eux-mêmes, mais pour faire produire par des salariés, du sucre, de l'alcool, du beurre ou du fromage. D'autres, au contraire, sont constituées par des ouvriers, désireux de s'affranchir de l'exploitation patronale. Mais, les unes et les autres ont ceci de commun qu'elles tendent, non pas à supprimer les profits — comme c'est le cas pour les sociétés de consommation — mais à les partager entre leurs membres, suivant un mode de répartition qui tient un compte très large de l'intérêt individuel.

Il va sans dire que les sociétés de production formées par des capitalistes ou des propriétaires fonciers, n'ont d'autre intérêt au point de vue socialiste, que de constituer, dans une certaine mesure un procès de concentration industrielle : ainsi que l'a montré Kautsky, dans sa *Question agraire*, elles sont un acheminement vers le capitalisme, non vers le socialisme.

Quant aux sociétés coopératives d'ouvriers producteurs, nous avons vu qu'au temps de la première Internationale, elles étaient seules à trouver grâce devant Marx, comme devant Lassalle. Depuis lors, il a fallu déchanter.

Certes, à première vue, les sociétés de producteurs paraissent présenter plus d'intérêt au point de vue socialiste, que les sociétés de consommateurs.

Dans le cercle de leur action, et pour autant qu'elles n'emploient pas d'auxiliaires, elles suppriment le salariat, elles procurent à leurs membres le produit intégral de leur travail, elles absorbent toute leur activité. Les sociétés de consommation, au contraire, n'intéressent leurs membres que comme acheteurs, et comme acheteurs d'un certain nombre de produits seulement, le surplus de leur activité restant au service du capitalisme.

En fait, cependant, les sociétés coopératives d'ouvriers producteurs ont répondu aussi peu que possible aux espérances qu'elles avaient éveillées.

Il faut bien le dire, rien n'est, en général, plus décevant que l'histoire de ces sociétés ouvrières, qui se constituent avec un capital insuffisant, qui souffrent, presque toujours, du manque de débouchés, qui n'ont, le plus souvent, à leur tête que des hommes d'une capacité médiocre ou d'une autorité sans cesse discutée par leurs camarades de travail.

Qu'on veuille relire, à cet égard, ce qu'a écrit, par exemple, Béatrice Potter (Mrs Sidney Webb), dans son livre sur *La Coopération en Grande-Bretagne*.

Partout, d'ailleurs, où l'on crée des sociétés de producteurs, sans les rattacher à l'organisation des consommateurs, les mêmes difficultés et les mêmes échecs se produisent. Nous en parlons d'expérience personnelle. Dans le Parti Ouvrier belge, où les intérêts politiques et les intérêts économiques de la classe ouvrière sont si intimement liés, il est exceptionnel, en somme, que les sociétés de consommation affiliées au Parti donnent lieu à des difficultés. Par contre, il est bien rare que le Bureau du Conseil général se réunisse, sans qu'on lui demande d'intervenir pour que telle ou telle coopérative de production, créée à la légère, et à deux doigts de la faillite, obtienne le concours pécuniaire d'autres groupes.

Les choses en sont venues à un tel point, que le Parti a dû prévenir les sociétés de producteurs qui se créeraient sans son aveu, de n'avoir plus à compter sur son aide. D'autre part, la Fédération des coopératives socialistes a inséré, dans son rapport pour 1911, le passage suivant :

« Malgré la résolution votée par le Congrès coopératif de 1907, disant qu'aucune société de production ne sera désormais patronnée par le Parti ouvrier, si elle n'a, au préalable, été reconnue par les congrès de la Fédération des coopératives, des sociétés coopératives de production continuent à se créer, sans ou malgré l'avis de la Fédération.

Nous croyons qu'il est temps que le Parti ouvrier prenne des mesures pour empêcher la naissance d'œuvres mort-nées, pour n'accorder son patronage qu'à celles qui ne sortiront pas d'un mouvement de colère, mais d'un examen bien réfléchi de la situation industrielle, commerciale et financière. Nous ne voulons empêcher aucune initiative, mais nous désirons ne recommander et aider que les sociétés de production qui auront démontré, preuves à l'appui, qu'elles ont un débouché dans la coopération de consommation et qu'elles sont capables de trouver, en grande partie, le capital nécessaire à leur fonctionnement soit dans l'organisation syndicale, soit dans la coopération de consommation. A celles-là notre concours est acquis, bien que nous pensions que par l'expérience recueillie, en France, en Angleterre, en Allemagne, la coopération de production n'a d'avenir qu'en devenant dépendance du Magasin coopératif de gros [1]. »

Ceux qui, malgré tout, continuent à se déclarer partisans des sociétés de producteurs indépendantes de la consommation organisée, diront, sans doute, que si ces sociétés n'ont pas mieux

____

1. Parti ouvrier belge, *Rapp.* présenté au XXVIIe Congrès (7-8 avril 1912), p. 96, Bruxelles, 1912.

réussi jusqu'à présent, cela ne prouve rien pour l'avenir. Les sociétés de consommation ont subi, elles aussi, bien des échecs, avant de connaître leurs succès actuels. Au surplus, si beaucoup de sociétés de producteurs font faillite, ou traînent des jours misérables, certaines d'entre elles ont triomphé de tous les obstacles et se trouvent aujourd'hui dans une situation prospère.

Soit, mais lorsque les sociétés de producteurs réussissent, d'autres dangers les menacent. Et ces dangers sont d'autant plus graves qu'ils sont, pour ainsi dire, la conséquence normale de leur développement.

Dès l'instant, en effet, où les travailleurs associés constatent que leur association rapporte des bénéfices, qu'elle leur procure des avantages appréciables — co-propriété d'un capital; attribution à ce capital des profits de l'entreprise — il leur faut une conscience socialiste bien réfractaire à toute compromission, pour admettre que de nouveaux venus, les ouvriers qui viennent s'adjoindre au noyau des fondateurs, se voient reconnaître les mêmes droits que ceux-ci. Dans l'immense majorité des cas, ils s'y refusent. La société tend à se fermer. Les nouveaux venus ne sont accueillis que comme auxiliaires salariés. La coopérative se transforme en une société de petits patrons, de petits capitalistes, dont on peut dire avec Proudhon que « n'étant associés que pour eux, ils sont associés contre tout le monde ».

Faut-il conclure, dès lors, que l'histoire des sociétés de producteurs n'ayant été qu'une série de défaites, ou bien de déviations, plus déplorables que ces défaites mêmes, la classe ouvrière doive renoncer, purement et simplement, à créer des institutions de ce genre?

Nous n'allons point jusque-là.

Si les sociétés d'ouvriers producteurs échouent fréquemment par manque de capital, par manque de débouchés, par manque de direction; si, d'autre part, lorsqu'elles se développent, c'est avec une tendance à se transformer en entreprises capitalistes, il n'est cependant pas impossible d'obvier à ces inconvénients ou à ces dangers, en leur procurant des capitaux, en leur assurant une clientèle, en donnant des pouvoirs suffisants à leurs directeurs et en les immunisant contre la dégénérescence capitaliste qui est, pour elles, la plus redoutable des menaces. Mais il faut, pour cela, les *incorporer* à l'organisation générale de la classe ouvrière et spécialement à des sociétés coopératives de consommation ou à des magasins de gros.

Supposons, par exemple, qu'un certain nombre d'ouvriers carriers ou tisserands veuillent former une coopérative de producteurs.

Ils n'ont à leur disposition personnelle que de maigres épargnes, insuffisantes pour se procurer les fonds de roulement, l'outillage coûteux qu'exige, aujourd'hui, l'exploitation rationnelle d'un tissage ou d'une carrière. D'autre part, ils ne peuvent compter que bien faiblement sur les possibilités de recrutement d'une clientèle bourgeoise. Et, quant à la direction, il y a gros à parier que s'ils désignent un de leurs camarades de travail, la situation de celui-ci sera toujours précaire, à la merci d'une querelle avec ses associés.

Mais les choses changent de face si d'autres groupements ouvriers interviennent, si des sociétés coopératives de consommation, si un magasin de gros, apportent des capitaux, garantissent à nos producteurs une clientèle stable et, par leur participation à l'œuvre, donnent à la gérance qui les représente, une indépendance vis-à-vis du personnel, qui, sans cela, lui ferait défaut.

Grâce à ces interventions, l'œuvre devient viable. Elle a des chances sérieuses de réussite et, si elle réussit, les liens qui l'attachent aux autres groupements ouvriers — ses actionnaires — sont une garantie efficace contre les tendances égoïstes que pourraient avoir les producteurs associés.

Seulement, s'il en est ainsi, si la coopérative d'ouvriers producteurs se trouve dans la main des consommateurs organisés, possesseurs, par exemple, de la majorité des actions, on se demandera, peut-être, pourquoi les sociétés ou les fédérations de consommateurs ne créent pas elles-mêmes, directement, comme annexes de leurs institutions propres, la carrière ou le tissage en question?

La réponse est simple : c'est que les entreprises de ce genre ne peuvent vivre uniquement de la clientèle des sociétés coopératives de consommation. Elles doivent recruter, au dehors, une partie de leur clientèle. Il peut être utile dès lors de leur laisser une certaine indépendance et de donner à ceux qui y travaillent une part de bénéfices plus grande que celle qu'on attribue, d'ordinaire, dans les sociétés de consommation ou les magasins de gros, aux ouvriers qui travaillent dans les services de production.

Force nous est d'avouer, au surplus, que, même dans ces conditions, les espérances que l'on fonde sur les sociétés coopératives de producteurs nous laissent assez sceptique.

Depuis quelques années, les socialistes gantois, qui ont si merveilleusement réussi dans le domaine de la consommation, font de grands efforts pour créer des *fabriques ouvrières*. Ils ont déjà un tissage, qui marche bien. Ils ont repris, en 1912, une filature de lin. Ils achèvent, cette même année, la construction des bâtiments d'une filature de coton. Ils rêvent de créer une concurrence ouvrière aux entreprises capitalistes de toutes les branches de l'industrie textile. Et, leur passé parlant pour eux, nous ne doutons pas qu'ils y réussissent. Mais dans quelle mesure et avec quels résultats?

Remarquons d'abord que les nouvelles usines socialistes de Gand ne sont pas, à proprement parler, des coopératives. Pour les créer, il a fallu faire appel à des capitalistes privés, dans des conditions assez onéreuses. Le Vooruit, bien entendu, conserve la majorité des actions. D'autres encore sont aux mains de la classe ouvrière. Mais on a dû adopter la forme anonyme. Les actions des « Tisserands réunis » sont cotées en Bourse. Le premier venu peut, en les achetant, devenir actionnaire d'une société qui, d'autre part, est affiliée au Parti ouvrier.

Cette combinaison, naturellement, a soulevé

des critiques. Il est juste de reconnaître, cependant, qu'Anseele et ses amis n'eussent pu aboutir autrement et qu'ils ont pris toutes les précautions désirables pour que le Vooruit reste, en dernière analyse, maître de la situation.

Mais la vraie question est de savoir quels avantages la classe ouvrière peut attendre de cette pénétration du Vooruit, par l'intermédiaire de ses filiales, dans le domaine de la production?

On répond, d'abord, que les socialistes, en exploitant leur tissage et leurs filatures, apporteront la preuve que l'on peut faire des bénéfices, en traitant humainement les ouvriers, en augmentant les salaires, en diminuant les heures de travail.

Il est exact, en effet, que, dès à présent, les salariés des « Tisserands réunis », ont des salaires un peu plus élevés, des journées de travail un peu moins longues que leurs camarades des entreprises capitalistes. Seulement, la différence n'est pas très grande, et l'on doit prévoir qu'avec la meilleure volonté du monde, elle ne pourra jamais être très grande : les fabriques socialistes, en effet resteront soumises aux lois de la concurrence et auront pour concurrents des entreprises capitalistes plus favorisées qu'elles, en général, au point de vue de l'outillage et de l'acquisition des matières premières.

On dit encore que, possédant leurs propres fabriques, les travailleurs gantois se trouveront mieux placés que s'ils ne mettaient pas eux-mêmes la main à la pâte, pour juger de ce qu'ils peuvent réclamer, dans d'autres usines, sans qu'on puisse leur répondre par un *non possumus*.

Certes; mais d'autre part, il pourra arriver aussi que les syndicats soient paralysés par le fait que les fabriques socialistes elles-mêmes se trouveront dans l'impossibilité d'accueillir leurs revendications. Pareille hypothèse risque d'autant plus de se réaliser que, le cas échéant, les grands capitalistes pourraient se résoudre à des sacrifices temporaires, en réalisant une baisse artificielle des prix, afin de serrer la vis à leurs concurrents du Vooruit.

Si bien qu'en définitive, et sans méconnaître l'avantage qu'il peut y avoir, pour la classe ouvrière, à avoir des fabriques modèles, où travaillent des hommes libres, nous ne pouvons nous empêcher de croire — jusqu'à preuve du contraire — que si le génie industriel d'un homme tel qu'Anseele se consacrait au développement de la Wholesale belge, de la Fédération des coopératives socialistes, plutôt qu'à l'œuvre particulièrement difficile des fabriques ouvrières, les résultats, pour l'ensemble du prolétariat, seraient, à la fois, plus considérables et plus faciles à obtenir.

Quoi qu'il en soit, au surplus, une chose est certaine : c'est qu'à l'heure actuelle, les coopératives d'ouvriers producteurs n'ont qu'une importance secondaire. De plus en plus, les sociétés coopératives de consommation et leurs magasins de gros les dépassent, comme chiffre d'affaires, au point de vue même de la production. Aussi n'est-il pas étonnant qu'au Congrès de Copenhague, comme au Congrès de Hambourg, on ait, à peu près, passé sous silence les sociétés de producteurs, pour ne s'occuper que des associations de consommateurs.

SECTION II.

LES COOPÉRATIVES DE CONSOM-MATION

Si les coopératives de production ont, en somme, perdu toute faveur dans les milieux socialistes, les sociétés de consommation — nous l'avons vu — n'y rencontrent plus d'adversaires. Pour trouver des survivances de l'ancien état d'esprit, méfiant ou hostile à leur égard, il faut passer les frontières du socialisme proprement dit et s'adresser à des anarchistes, ou à des syndicalistes révolutionnaires, tels que Christ Cornelissen ou Georges Sorel.

Avant de parler des relations qui doivent exister entre la coopération et le socialisme, nous passerons en revue leurs critiques. Elles nous aideront à déblayer le terrain.

§ 1.

LES SOCIALISTES
ANTI-COOPÉRATEURS

I. CORNELISSEN. — Cornelissen, dans son livre intitulé : *En marche vers la Société nouvelle*[1], se montre résolument hostile à toutes les formes de la coopération ouvrière. La coopération, d'après lui, n'attaque pas le mode de production et d'appropriation capitaliste dans son principe. Bien au contraire. Elle accepte la conservation de l'échange des marchandises et a en vue la création d'une agglomération de consommateurs privilégiés, qui verront ainsi s'améliorer légèrement leur situation, tout en restant sous le régime capitaliste. D'autre part, la coopération prive le mouvement ouvrier de ses chefs les plus capables : ils se transforment en commerçants dont l'horizon

1. P. 181 et suiv.

ne s'étend plus au dehors de leur boulangerie coopérative ou des glaces de leur magasin de vêtements. Enfin, et surtout, les sociétés de consommation ne sont accessibles qu'à une partie de la classe ouvrière : la grande masse des ouvriers agricoles, les milliers de travailleurs asservis au *truck-system*, les prolétaires, si nombreux, qui vivent au jour le jour, qui sont trop pauvres pour faire de la coopération, restent en dehors du mouvement coopératif. Ce mouvement aboutit donc fatalement à la division de la classe ouvrière, à la scission entre le quatrième et le cinquième État.

De ces trois griefs, nous ne croyons pas que le premier puisse être retenu.

La coopération de consommation, telle que l'ont conçue les Pionniers de Rochdale, repose sur un tout autre principe que le mode de production capitaliste. Nous y reviendrons par la suite. Bornons-nous à constater, pour l'instant, qu'au lieu d'être composée d'actionnaires, se partageant des *bénéfices* au prorata du capital versé, elle ne fait que grouper des consommateurs, qui se partagent des *trop perçus* au prorata de leur consommation.

Quant au reproche que l'on adresse à la coopération de priver le mouvement ouvrier de ses hommes les plus capables, qui ne voit que l'on peut dire la même chose de la mutualité, du syndicalisme, de l'action municipale ou parlementaire et, en général, de tout ce qui tend à spécialiser les leaders ouvriers dans l'accomplissement d'une tâche déterminée.

Pareille spécialisation, certes, peut avoir des conséquences fâcheuses. Il n'y a pas que la division du travail manuel, qui tende à produire un certain rabougrissement de l'individu. Nous en connaissons tous, des administrateurs de coopératives qui finissent par ne songer plus qu'à leur affaire, des secrétaires de syndicats qui se transforment, à la longue, en de parfaits ronds de cuir, des politiciens, communaux ou autres, qui bornent leur horizon à la commune qu'ils administrent, ou à l'assemblée dont ils font partie. Mais, dans la sphère limitée de leur action, ils n'en rendent pas moins des services, et, parce qu'il y a un « crétinisme coopératif », comme un « crétinisme syndical », ou un « crétinisme parlementaire », ce n'est pas un motif pour renoncer à toute action pratique. C'est par une forte éducation socialiste, par une collaboration permanente et intime de toutes les formes d'action prolétarienne, que l'on remédiera aux excès de la spécialisation; et, d'autre part, c'est en rattachant par des liens de plus en plus intimes, le mouvement coopératif au mouvement socialiste, que l'on fera profiter celui-ci, de tous les développements que prendra celui-là.

Reste le dernier argument, et le plus grave.

Est-il vrai, comme on le prétend, que les coopératives de consommation ne soient accessibles qu'à une fraction de la classe ouvrière et que, par le fait, elles tendent à diviser le prolétariat?

Il en serait incontestablement ainsi, pour les coopératives, comme d'ailleurs pour les syndicats, si l'adhésion à ces groupements était subordonnée à des conditions que seuls des privilégiés pourraient remplir.

Mais, ce n'est pas le cas, dans les coopératives du type rochdalien : y entre qui veut, sans que l'adhésion soit subordonnée à un versement préalable, à l'apport d'une partie du capital social.

Prenons, par exemple, les coopérations socialistes belges, et l'on peut dire la même chose, croyons-nous, des coopératives socialistes en général.

Pour y être admis, il suffit de payer un droit d'entrée qui varie de 25 centimes à 1 franc, et en échange duquel on reçoit son livret de coopérateur. C'est sur les ristournes, les trop perçus, que l'on fait chaque semestre, jusqu'à concurrence de quelques francs — 10 francs à Bruxelles — un minime prélèvement, afin de libérer l'action que chacun des membres doit posséder. On devient donc actionnaire sans devoir, au préalable, délier les cordons de sa bourse, et, au surplus, cette participation au capital social ne donne droit à aucun profit capitaliste.

Dans ces conditions, peut-on prétendre que la coopération aboutisse à créer des groupements privilégiés?

Certes, Cornelissen constate un fait indéniable, lorsqu'il dit que les plus pauvres, en général, restent en dehors du mouvement coopératif. Mais n'en est-il pas de même pour le mouvement syndical? N'en est-il pas de même pour le mouvement mutuelliste? Et, s'il fallait renoncer, par crainte de diviser le prolétariat, à toutes les formes d'organisation ouvrière qui n'étendent pas leur prise sur les plus pauvres parmi les pauvres, que resterait-il, nous le demandons, du mouvement ouvrier contemporain?

Tout ce que l'on peut et doit demander c'est que le groupement des élites ouvrières ne fasse pas tort aux masses qui ne participent pas à ce groupement. Or, bien loin qu'il en soit ainsi, les sociétés coopératives de consommation ne se bornent pas à améliorer la condition de leurs membres. Elles agissent également, d'une manière très efficace, sur le mouvement général des prix, pour les abaisser ou les régulariser. Par conséquent, ceux mêmes qui n'en font pas partie bénéficient de l'influence qu'elles exercent sur l'état général du marché.

II. SOREL. — Cornelissen ne veut voir que les mauvais côtés de la coopération. Sorel, au contraire, ne méconnaît point qu'elle présente des avantages, mais des avantages très différents de ceux qu'on lui attribue d'ordinaire. Il présente, à ce sujet, dans son *Introduction à l'Économie moderne* des observations dont l'injuste acrimonie à l'égard des coopératives socialistes, ne doit pas faire négliger l'âme de vérité qu'elles contiennent.

Pour Sorel, les sociétés dites coopératives de consommation sont d'excellents *auxiliaires du capitalisme*, puisqu'elles permettent à celui-ci d'atteindre directement la clientèle et de pouvoir profiter de tout l'accroissement de consommation qui correspond normalement à une réduction de prix. D'autre part, pour les petites gens qui peuvent acheter leurs denrées au comptant, elles leur permettent de bénéficier des avantages de l'achat en gros. Mais, dans le plus grand nombre d'entre elles, l'esprit d'association n'existe pour ainsi dire pas : les adhérents d'un magasin coopératif sont simplement des clients que l'on retient au moyen d'un nombre plus ou moins grand de ruses. Et cela n'est pas vrai seulement des coopératives neutres. L'appel au *principe* dont les socialistes belges font si grand étalage doit être considéré, quand on s'occupe des résultats, comme un système de réclame ingénieux et puissant. En réalité, les prétendues coopératives belges sont des économats, installés par un parti politique, en vue d'assurer sa puissance sur la population ouvrière du pays.

Dans ces conditions, continue Sorel, on arrive à se demander pour quels motifs la coopération de consommation ne pourrait pas être remplacée par une fourniture d'objets alimentaires faite par les administrations communales? Généralement, les théoriciens de la coopération de consommation ne veulent pas voir que les institutions qui leur sont chères sont un acheminement vers des services communaux. En fait, une très grande coopérative de consommation n'est pas autre chose qu'une commune, formée de petites gens, pour se procurer à bon compte les choses de première nécessité. La question de savoir s'il y a avantage à lui laisser une administration complètement autonome, ou bien à la fusionner complètement avec la commune politique, ou bien à adopter un système mixte, n'est qu'une question d'ordre pratique, dont la solution dépendra des circonstances. Mais, quoi qu'il en soit, les grandes sociétés de consommation ont tous les vices des démocraties : improbité et incapacité fréquentes des administrateurs, insouciance de la très grande masse des adhérents, formation de partis, qui poursuivent avec impudence leurs fins personnelles. Bref « on peut dire que la coopération est un mensonge, tout comme la démocratie. Elle prétend se donner comme une administration des intérêts locaux par les intéressés eux-mêmes; elle ne réalise pas plus ce programme que la démocratie ne parvient à nous montrer une volonté générale conforme à la raison, suivant la théorie de Rousseau. Ce n'est pas à dire que les coopératives ne rendent des services; les institutions démocratiques en rendent aussi, malgré leurs vices qui semblent incorrigibles; mais il faut regarder les choses comme elles sont, ne pas se laisser duper par les mots et ne pas attribuer aux formules des vertus qu'elles n'ont pas. Puisque les grandes sociétés de consommation ne sont pas à l'abri des vices des corps politiques modernes, il n'y a pas de raison déterminante pour écarter *a priori* les boulangeries communales; tout se réduit à une question de mesure et je crois que, dans bien des cas, les services municipaux remplaceront dans l'avenir les services coopératifs[1]. »

Nous inclinerions assez volontiers à adopter cette conclusion dernière de Sorel, pour autant qu'il s'agisse des grandes coopératives neutres. Nous avons visité naguère le Konsumverein de Bâle. Presque toute la ville en fait partie. Aux élections pour le Conseil d'administration, les « partis bourgeois », et les socialistes luttent, liste contre liste, comme s'il s'agissait d'une élection municipale. Le service du lait, admirablement organisé, recrute sa clientèle dans toutes les classes, et bien rares sont les Bâlois qui se fournissent encore dans des laiteries particulières. D'autres services, comme la boucherie et la boulangerie n'ont pas, ou pas encore, la même exten-

---

1. Sorel, *Introduction à l'Économie moderne*, p. 169, Paris.

sion, mais, en somme, il ne faudrait pas grand'
chose pour que l'Allgemeine Konsumverein
réponde à la définition de Sorel : une commune
formée par les gens qui peuvent acheter au
comptant.

Dans ces conditions, entre la coopération généralisée et un service communal, la différence
devient si petite, que le passage de l'une à l'autre
ne présenterait pas d'insurmontables difficultés
et, peut-être, aurait de réels avantages.

Mais il en va tout autrement pour ce qui concerne les coopératives socialistes, et, par coopératives socialistes, nous n'entendons pas seulement les coopératives affiliées au parti socialiste,
comme en Belgique, mais, d'une manière générale, les coopératives qui contribuent pas des
institutions de propagande, d'éducation, de solidarité, à l'œuvre socialiste d'affranchissement du
prolétariat.

Dans ce cas, en effet, il n'y a plus d'assimilation
possible entre un service municipal et une organisation prolétarienne de combat, qui ne se borne
pas à distribuer des marchandises au plus bas
prix — ce qu'un service public pourrait faire
aussi bien, sinon mieux — mais est encore, et
surtout, une école de socialisme pratique, un asile

pour les militants boycottés par le patronat, une caisse d'épargne pour la propagande, une université du travail et, en quelque mesure, un morceau de collectivisme, dès à présent réalisé.

Nous entendons bien que, pour Sorel, toutes les coopératives se valent, et ne valent pas grand'chose; à l'entendre, la notion même d'association en serait presque complètement absente; les coopératives belges, tant vantées, ne seraient que des économats, installés par un parti politique, les coopératives, enfin, auraient tous les vices des démocraties : insouciance des adhérents, formation de partis qui y poursuivent leurs fins personnelles, improbité et incapacité fréquente des administrateurs.

Qu'il y ait dans l'administration de certaines coopératives — pour rencontrer d'abord ce premier grief — des improbes ou des incapables, nul ne le conteste. Mais on croirait à lire Sorel que les sociétés anonymes sont toujours administrées par des gens irréprochables et que les autocraties ou les oligarchies sont exemptes des vices qu'il reproche aux démocraties. Nous connaissons comme lui des coopératives mal gérées. Nous en connaissons où il y a du coulage et de la gabegie. Les scandales, certes, sont assez rares. Mais l'attitude de tels ou tels gérants vis-à-vis des fournisseurs, leurs refus de s'adresser aux wholesales, aux magasins de gros, donnent à croire que l'habitude de recevoir des pots de vin ne leur est pas étrangère. Seulement, ce n'est pas un motif pour généraliser et pour attribuer à tous, ou peu s'en faut — comme le fait Sorel — le péché de quelques-uns.

En fait, les abus sont assez fréquents dans les petites coopératives, qui naissent, comme par hasard, dans des milieux peu préparés. Mais, pour autant que nous le sachions, et nous sommes bien placés pour le savoir, de grandes coopératives comme le Vooruit, la Maison du Peuple de Bruxelles, la *Produktion* de Hambourg, le *Konsumverein* de Bâle ne peuvent être prospères que grâce à la scrupuleuse honnêteté de leur personnel dirigeant. Que le contrôle minutieux qui s'y exerce, puisse aboutir, parfois, à constater des défaillances dans le personnel subalterne, qui le nie? Mais, nous osons l'affirmer, l'administration de nos grandes coopératives n'aurait, au point de vue de la probité, rien à craindre d'une comparaison avec les plus bourgeoisement honorables des entreprises capitalistes.

Peut-être, avouons-le, n'en est-il pas de même au point de vue de la capacité. Les ouvriers, d'ordinaire peu instruits, les modestes employés que l'on trouve à la tête des coopératives ne sauraient, en général, prétendre égaler les grands hommes d'affaires du monde capitaliste. Pour un Anseele ou un Von Elm, il y a dans le personnel dirigeant de la coopération, des centaines de braves gens qui ne sont pas des aigles et se bornent à faire honnêtement, consciencieusement, médiocrement, leur devoir. Mais il ne faut pas oublier, d'autre part, qu'une coopérative, avec sa clientèle stable, peu exigeante, attachée à l'œuvre par d'autres liens que l'intérêt personnel, est infiniment plus facile à diriger qu'une entreprise capitaliste, qui doit, sans cesse, disputer une clientèle fluctuante et capricieuse à la concurrence sans merci d'entreprises rivales. Si bien qu'en définitive, nous pouvons conclure, à l'encontre de Sorel, que l'improbité, aussi bien que l'incapacité, sont moins fréquentes, relativement, parmi les administrateurs de sociétés coopératives que parmi les administrateurs de sociétés anonymes.

Quant à cette autre affirmation de Sorel qu'il se forme, dans les coopératives des « partis poursuivant avec imprudence leurs fins personnelles », nous ne connaissons aucune coopérative socialiste où les luttes, parfois vives, qui s'engagent pour la nomination des membres de personnel, prennent ce caractère.

Reste ce dernier reproche : insouciance des adhérents; absence de réel esprit d'association, qui fait que les coopératives socialistes, comme les autres, ne sont que de grands magasins à clientèle fixe ou bien des économats, créés par un parti politique pour assurer sa puissance sur la population ouvrière.

Nous ne voulons pas méconnaître que, sur ce point, Sorel ait en partie raison.

Dans beaucoup de coopératives, en effet, et cela est presque aussi vrai des coopératives socialistes que des autres, la masse des adhérents reste assez indifférente à la gestion des affaires sociales. Pour autant que la société dont ils font partie leur procure les mêmes avantages que des entreprises rivales et qu'à la fin de l'année ou du semestre, ils reçoivent leurs ristournes habituelles — souvent fixées une fois pour toutes — peu leur importe la manière dont ces résultats sont obtenus.

Si nous prenons, par exemple, la Maison du Peuple de Bruxelles, qui prétend compter 25 000 membres, et que nous y regardons de plus près, que constatons-nous? Personne ne sait au juste combien il y a de membres. Quand un nouvel affilié se fait inscrire, on lui donne le numéro à la suite, mais on ne tient pas compte des membres qui meurent ou qui s'en vont. Le seul moyen réel de constater si l'œuvre progresse, ou recule, c'est le diagramme de la consommation de pain, tracé, semaine par semaine, et année par année, sur le tableau qui se trouve dans la salle du conseil d'administration. C'est à l'aide de ce tableau, mis en rapport avec la consommation moyenne par famille, que l'on peut évaluer à 18 000 le nombre réel des membres de la coopérative. Pour convoquer l'assemblée générale, on insère une annonce dans les journaux socialistes et l'on fait remettre les bulletins de convocation, par les porteurs de pain, à tous les détenteurs d'un livret qui consomment les produits de la boulangerie. L'assemblée générale, au surplus, ne se compose, en temps ordinaire, que de deux ou trois cents militants, et, parmi eux, en majorité, des ouvriers et des employés de la coopérative. Les autres membres ont confiance et acceptent, les yeux fermés, le bilan qu'on leur adresse.

Certes, si l'œuvre traversait une crise ou si

l'assemblée générale, telle qu'elle est composée, venait à prendre des mesures contraires à l'intérêt commun, les choses ne se passeraient plus ainsi ; mais c'est néanmoins un fait regrettable que l'insouciance chronique de l'immense majorité des coopérateurs.

Seulement, prétendra-t-on qu'il en soit autrement dans les société anonymes, dans les clubs politiques et, d'une manière générale dans toutes les associations humaines pour peu qu'elles prennent un certain développement ?

La vérité est que partout, en tous les temps, dans tous les pays, la majorité — cette majorité qu'Ibsen appelle, dans *L'ennemi du Peuple*, la « majorité compacte et libérale » — est, et a toujours été inerte, indifférente, encline à se laisser docilement conduire, rétive seulement lorsqu'on veut la faire sortir des sentiers battus. Et, somme toute, ce qui caractérise la démocratie, politique ou coopérative, ce qui la différencie des autres régimes, ce n'est pas l'insouciance des masses, c'est, au contraire, moins d'insouciance et plus d'aptitude à se gouverner elle-même.

Certaines coopératives belges prennent, d'ailleurs, des mesures qui tendent à développer l'esprit d'association parmi les coopérateurs. Le

Vooruit, par exemple, oblige ses membres, sous peine d'amende, à assister aux assemblées générales et cette présence obligatoire — comme le vote obligatoire en politique — finit par les intéresser aux questions qui se discutent. Le Progrès, de Jolimont, fait élire tous les membres de son personnel par le suffrage universel des coopérateurs et, à chaque élection, des milliers d'affiliés prennent part au vote. Dans presque toutes les coopératives belges, on agit sur la masse des adhérents en leur distribuant périodiquement des tracts de propagande. Souvent même, et de plus en plus, on les abonne d'office, aux frais de l'association, à l'un des journaux du parti. Et, ainsi, contrairement à ce qui se passe dans les coopératives neutres, on amène les affiliés à prendre conscience des intérêts généraux du prolétariat, à s'imposer des sacrifices par esprit de solidarité ouvrière, à considérer la coopérative, non plus comme une affaire, mais comme un instrument de combat, comme un moyen d'affranchissement.

Dans ces conditions, il n'est plus possible de dire que les coopératives sont des auxiliaires du capitalisme. Elles sont des auxiliaires du socialisme. Elles réduisent la puissance du capitalisme, non seulement par la socialisation partielle de certaines branches de la production, mais encore, et surtout, par les ressources qu'elles apportent au développement de la lutte prolétarienne et pour l'influence qu'elles exercent sur le relèvement moral et intellectuel de la classe ouvrière.

§ 2.

LES SOCIALISTES
ET LE PRINCIPE DE NEUTRALITÉ

Les débats du Congrès de Copenhague sur la coopération dans ses rapports avec le socialisme ont mis en relief deux faits, qui n'ont été acquis que par trois quarts de siècle d'expériences, de recherches et de discussions : le premier, c'est qu'à l'encontre des dirigeants de l'ancienne Internationale, les socialistes sont aujourd'hui d'accord pour attacher plus d'importance aux sociétés coopératives de consommateurs, qu'aux sociétés de producteurs ; le second, qu'ils sont unanimes à reconnaître que la coopération présente de réels avantages, non pas seulement pour quelques individus, mais pour l'ensemble de la classe ouvrière.

Une seule question, nous l'avons vu, continue à les diviser : la question de savoir si la coopération doit être neutre ou socialiste. Et, encore, convient-il d'observer qu'entre les extrêmes, représentés à Copenhague, par la majorité et la minorité de la section française, plusieurs opinions intermédiaires se sont fait jour : tandis que Guesde soutenait que les coopératives devaient être subordonnées au Parti, les Belges étaient d'avis que, tout en étant intégrées au Parti, elles doivent conserver leur pleine et entière autonomie; les Autrichiens, sans aller jusqu'à l'affiliation au Parti, voulaient que des liens très intimes se nouent entre le mouvement coopératif et le mouvement socialiste; les Allemands, au contraire, se prononçaient pour la neutralité, mais leur neutralisme, plutôt apparent que réel, différait totalement du *séparatisme* de la majorité de la section française, si bien qu'en définitive cette gamme d'opinions se résolvait en des nuances, et que le choix de chacun, entre ces nuances, paraissait déterminé, surtout, par des considérations d'ordre local ou d'ordre historique.

Dans ces conditions, la controverse entre les partisans de la coopération neutre et les partisans de la coopération socialiste devient plutôt une question de tactique qu'une question de principe. Mais, s'il est difficile de tracer des lignes de démarcation bien nettes, entre Guesde et Anseele,

Anseele et Karpelès, Karpelès et Von Elm, Von Elm et Thomas ou Héliès, il n'y a plus de confusion possible, lorsque l'on met en présence la thèse des coopérateurs socialistes et celle des coopérateurs partisans du « principe de la neutralité », comme Charles Gide, Hans Müller ou les neutralistes anglais.

A l'exemple des Pionniers de Rochdale, les neutralistes de l'Union coopérative en France, de la Konsumgenossenschaftliche Rundschau en Allemagne, des Cooperatives News en Angleterre, voient dans la coopération le moyen de résoudre la question sociale par le groupement des consommateurs et la conquête progressive des diverses branches de la production et de l'échange. Ils font appel, pour la réalisation de cet idéal, à tous les consommateurs, sans distinction de croyances, d'opinions et de classes. Ils admettent que la coopération se suffisant à elle-même, doit conserver une indépendance absolue à l'égard de tous les partis [1].

1. Le programme de l'Union coopérative française, par exemple, dit :

« La coopérative a pour but de remplacer l'état capitaliste actuel par un régime de libre association, qui réglera d'une manière équitable la distribution des richesses économiques, intellectuelles et morales de la société. La coopérative de consommation ne veut se faire l'organe exclusif ni d'un parti poli-

Par contre, les coopérateurs socialistes, qui ont formulé leur pensée commune dans la résolution de Copenhague, ne voient dans la coopération que l'un des moyens d'affranchissement du prolétariat. Ils considèrent le mouvement coopératif comme un mouvement de classe, qui n'intéresse réellement que les travailleurs : ouvriers et employés. Ils admettent qu'entre les coopératives, les syndicats, les groupes politiques socialistes, formés en grande partie des mêmes éléments, doivent s'établir des relations de plus en plus intimes, afin de faire converger leur effort vers le but commun : l'expropriation politique et économique de la bourgeoisie.

Ces deux conceptions sont, l'une et l'autre, parfaitement cohérentes.

Si l'on admet que la coopération puisse se suffire à elle-même, qu'elle est en mesure de faire la conquête des diverses branches de la production et de l'échange, il est non seulement légitime, mais indispensable qu'elle fasse appel à tout le monde, sans distinction de classe, de culte et de parti, car, si elle ne le faisait pas, la généralisation du régime coopératif deviendrait par le fait même impossible.

tique, ni d'une église, ni d'une classe sociale, mais de tous ceux qui veulent travailler à la réalisation de l'idée coopérative. »

Mais si, au contraire, la coopération ne se suffit pas à elle-même; si elle n'est pas *le* moyen, mais seulement *un* des moyens à mettre en œuvre pour affranchir les travailleurs; si, de plus, livrée à elle-même, elle risque de dévier, de dégénérer, l'autre conclusion s'impose : la coopération ne doit pas être neutre, mais socialiste; elle doit rester ce qu'elle est aujourd'hui, un mouvement de la classe ouvrière et, pour donner son maximum d'effet utile, elle doit, plus ou moins intimement, associer son effort à celui des organisations politiques et syndicales du prolétariat.

Nous sommes donc d'accord, pour n'être pas d'accord, avec le Dr Hans Müller, lorsque dans sa brochure : *Le principe de neutralité du mouvement coopératif de consommation*, il oppose, en ces termes, à la thèse socialiste de la lutte des classes, sa thèse neutraliste :

« Le coopérateur... (nous dirions le coopératiste, ou, pour employer l'expression allemande, le « nur-genossenschaftler »)... le coopérateur, c'est-à-dire toute personne qui pratique d'une manière conséquente les principes des sociétés de consommation, qui travaille à leur développement et dont le désir est qu'ils soient appliqués partout, doit repousser la théorie de la lutte de classe et contester à la lutte de classe le droit d'être le principe fondamental de la politique du mouvement ouvrier (syndicats professionnels et organisations politiques du prolétariat).

« Car, si la coopération a raison avec sa doctrine de l'essence, de la puissance d'extension et des tendances du mouvement coopératif de consommation, si la socialisation des moyens de production est réellement possible sur une grande échelle sans révolution sociale, ni dictature prolétarienne, ni expropriation forcée, si la coopération est effectivement capable de transformer peu à peu le régime économique capitaliste avec toutes ses défectuosités, ses violentes oppositions de classes en un régime socialiste par une organisation générale des consommateurs, alors la théorie de la lutte des classes est fausse et une politique prolétarienne fondée sur elle est une absurdité écœurante, parce qu'elle empêche la classe ouvrière de prendre la bonne voie qui la conduit véritablement à son émancipation[1]. »

Cette citation est intéressante à un double titre : elle pose très clairement la question et, d'autre part, elle montre que la « neutralité » des coopé-

____

[1] Müller, *La Théorie de la lutte des classes et le Principe de neutralité du mouvement coopératif*, p. 63, Bâle, 1907.

ratistes n'est, à l'égard du socialisme, qu'une apparence : en réalité, ils prétendent opposer un socialisme, le bon, fondé sur l'union de tous les consommateurs, à un autre socialisme, le mauvais, fondé sur la lutte des classes.

M. Müller, du reste, ne s'en cache point :

« Ce serait faire preuve de peu de véracité, — écrit-il dans son Avant-Propos, — que d'affirmer que le principe de neutralité est une condition vitale de mouvement coopératif, sans dire aussi que la politique de classe du mouvement ouvrier moderne et sa conception matérialiste de la vie et du monde sont incompatibles avec ce principe, logiquement et pratiquement.

. . . .

« Le mouvement coopératif remplit, à mon avis, un devoir d'ami important vis-à-vis du mouvement ouvrier en lui faisant comprendre que la politique de classe l'empêche de vaincre pratiquement le régime capitaliste et de remplir sa mission sociale la plus élevée [1]. »

Bref dans la pensée de M. Müller, pour vaincre pratiquement le capitalisme, les travailleurs doivent renoncer à leur action de classe et prendre

1. *Loc. cit.*, p. XIII.

la seule voie qui puisse les conduire à leur émancipation : la voie coopérative. Les neutralistes de principe en sont donc à croire encore, comme jadis les Pionniers, que la coopération, réduite à ses seules forces, est en mesure de réaliser, sinon la socialisation intégrale, du moins la socialisation « sur une grande échelle », des moyens de production.

Or que ce soit là une utopie, et une utopie malfaisante, car elle tend à faire abandonner par la classe ouvrière ses meilleures armes de combat, c'est ce que les constatations des « coopératistes » eux-mêmes suffisent à démontrer.

Après un siècle d'efforts, le mouvement coopératif ne représente, comme chiffre d'affaires, qu'une fraction infime du chiffre total des affaires. En Angleterre, par exemple, où il est plus développé que partout ailleurs, M. Lavergne évalue cette fraction à 1/300ᵉ. Et qu'on ne l'oublie pas, si la coopération se développe, le capitalisme se développe dans de plus vastes proportions encore.

Mais, dira-t-on peut-être, il en serait autrement si la classe ouvrière devenait plus consciente, si tous les travailleurs adhéraient en masse au mouvement coopératif.

Nous n'examinerons pas ici les obstacles, à

peu près insurmontables, qui empêchent que cela soit. On a souvent fait observer que les ouvriers les plus pauvres sont, en général, réfractaires à la propagande coopérative, moins par ignorance ou par inertie, que par besoin de recourir au crédit, par impossibilité de payer au comptant.

Supposons, au surplus, qu'il en soit autrement et que l'unanimité des travailleurs s'approvisionne, de toutes choses, dans les magasins coopératifs. Le chiffre d'affaires de ceux-ci serait encore très loin d'approcher du chiffre total des affaires, et ce, pour les raisons que M Charles Gide lui-même — cet apôtre de la coopération pure — nous donne dans son livre sur *Les Sociétés coopératives de consommation* :

« Il y a, — dit-il, — des branches énormes de l'industrie qui ne produisent pas pour les sociétés de consommation. Ce sont celles qui produisent pour les classes riches, et, aussi, celles qui produisent pour l'exportation, bien des milliards par an... Comme l'a fait remarquer Vansittart Neale, en supposant que toute la classe ouvrière entrât dans les sociétés de consommation et même que celles-ci en arrivent à produire tout ce qu'elles consomment, ces sociétés ne pourraient employer encore qu'une partie de la population ouvrière[1]. »

Mais pourquoi, dira-t-on encore, les sociétés coopératives de consommation n'arriveraient-elles pas, un jour, à grouper toute la population, y compris les riches, et, d'autre part, à produire tout ce qui est destiné à l'exportation?

Du moment où on se laisse aller à sa fantaisie, il n'est pas interdit de se figurer, que les riches, mettant leurs intérêts de consommateurs au-dessus de leurs intérêts de producteurs, se décideront, quelque jour, à entrer en masse dans les coopératives, qui ouvriront des rayons pour la vente des vins fins, des pierres précieuses ou des pneumatiques pour automobiles, avec répartition des bénéfices au prorata de la consommation. Mais s'il est des « coopératistes » assez intrépides pour ne point reculer devant de telles hypothèses, peut-être feront-ils bien de se demander si, le jour ou la classe capitaliste tout entière se serait ainsi résorbée dans la coopération, il y aurait encore des différences sensibles entre les stores coopératifs et les grands magasins ordinaires? L'exemple des Army and Navy Stores, à Londres, constitue la meilleure réponse, que l'on puisse faire à cette question.

1. Ch. Gide, *Les Sociétés coopératives de consommation*, p. 231.

Quant au commerce d'exportation, il est de toute évidence que, si les sociétés coopératives se mettaient à vendre et à produire pour le dehors, pour des étrangers non sociétaires, elles cesseraient d'être des coopératives de consommation. Elles feraient du commerce. Elles s'efforceraient de réaliser des profits aux dépens de leur clientèle de par delà les frontières. M. Gide constate, à vrai dire, qu'elles pourraient rester fidèles à leur principe fondamental, en vendant à d'autres coopératives, faisant partie d'une coopérative internationale, et auxquelles elles restitueraient les bénéfices produits par la vente. Mais, sans méconnaître que cette idée puisse se réaliser partiellement, il n'est pas douteux — M. Gide en convient d'ailleurs — que, dans l'ensemble, le commerce d'exportation continuera à échapper aux sociétés coopératives de consommation.

Certes, les « coopératistes » ont encore la ressource de dire que les coopératives de production peuvent venir à la rescousse; mais, étant donnés les résultats, plutôt décevants, qu'elles ont eus jusqu'ici, on voudra bien reconnaître que, de ce côté surtout, de trop vastes expériences ne pourraient aboutir qu'à d'amères désillusions.

Ces quelques considérations suffisent déjà pour

conclure contre la thèse « coopératiste » du Dr Müller et de ses amis.

Théoriquement, les sociétés coopératives de consommation sont ouvertes à tout le monde et l'on peut concevoir que tout le monde en fasse partie.

Mais, en fait, elles se composent en immense majorité d'ouvriers, ou, tout au moins, de personnes dont les conditions de vie se rapprochent de celles des ouvriers. Par contre, et sauf de rares exceptions, les éléments bourgeois — ceux de la petite comme ceux de la grande bourgeoisie — restent en dehors, ou même leur sont nettement hostiles.

À quoi cela tient-il ?

Indépendamment de causes accessoires nombreuses, au fait que ceux-là seuls adhèrent aux sociétés coopératives de consommation, qui sont plus intéressés comme consommateurs à en faire partie, qu'ils ne sont intéressés, comme producteurs à en entraver le développement.

Or, appliquons ce critère aux représentants des diverses classes sociales.

L'ouvrier salarié, auquel on doit assimiler l'employé, qui est, à ce point de vue, un salarié comme l'autre, a un intérêt vital à augmenter son salaire réel en se procurant au meilleur marché possible des produits de bonne qualité. En tant que consommateur donc, il trouve un sérieux avantage à adhérer à une société coopérative, dès l'instant où celle-ci est bien organisée et bien administrée. D'autre part, en tant que producteur, il n'a aucun motif pour désirer que la production, dans une branche déterminée, reste capitaliste au lieu de devenir coopérative. Bien au contraire, il est intéressé à ce que les coopératives organisent, de plus en plus, leur propre production, étant donné que, normalement, les travailleurs des coopératives sont mieux payés et mieux traités que les travailleurs des entreprises capitalistes. Donc, comme consommateur, et même comme producteur, il a un intérêt personnel, en même temps qu'un intérêt de classe, à participer au mouvement coopératif, et, quand il ne le fait point, c'est par ignorance, par inertie, ou bien parce que l'irrégularité de ses conditions de travail l'obligent à rester le client de fournisseurs à crédit.

Prenons le cas, maintenant, d'un petit bourgeois, artisan ou détaillant : épicier, cordonnier, boucher, etc.

Une société coopérative s'est fondée dans le

village, ou dans le quartier qu'il habite. Elle a installé, pour ses débuts, une boulangerie mécanique, et vend, à meilleur marché, du meilleur pain que les boulangers auxquels elle fait concurrence. Notre petit bourgeois, en tant que consommateur, a donc intérêt à prendre son pain chez elle. Mais il sait que la coopérative « tentaculaire » ne menace pas seulement les boulangers. Après le pain, ce sera l'épicerie, la cordonnerie, la boucherie. Et, dans ces conditions, comme producteur, ou comme détaillant, auxiliaire de la production, il est intéressé, personnellement et par solidarité de classe, à empêcher que la nouvelle société se développe, et s'étende, peu à peu, à d'autres branches de la production ou de l'échange, y compris la sienne. Dès lors, il est tout naturel, que loin de s'affilier à la coopérative, il la combatte avec âpreté : les quelques francs par an qu'elle lui ferait gagner comme consommateur, ne sont rien auprès du préjudice qu'elle menace de lui causer, en tant que producteur ou détaillant.

Certes, tous les petits bourgeois ne sont pas également menacés. Chez nombre d'entre eux, dont le métier ou le commerce restent en dehors de la sphère d'action habituelle des coopératives, l'anti-coopératisme a moins de racines. Mais, dans bien des cas, la mentalité spéciale de leur classe et, plus encore, leurs relations d'affaires ou leurs relations personnelles avec des artisans ou des détaillants que la coopération menace, suffit à les tenir systématiquement éloignés du mouvement coopératif.

Si nous passons ensuite, aux paysans, aux cultivateurs non salariés, qui forment, avec les petits bourgeois et les ouvriers, la troisième des catégories les plus nombreuses de la population, nous serons amenés à constater qu'eux aussi, le plus souvent, ont des intérêts dominants opposés à ceux des consommateurs groupés dans les coopératives.

Assurément, la coopération rurale est un des phénomènes les plus importants et les plus caractéristiques de l'époque contemporaine. Mais, sauf d'assez rares exceptions, telles que les boulangeries coopératives des Charentes, ou les sociétés de consommation semi-rurales de Belgique, les agriculteurs se groupent surtout en associations de producteurs, qui font travailler, au profit de leurs membres, des auxiliaires salariés.

En tant que consommateur, le paysan, en général, se soucie assez peu des coopératives. Il produit lui-même une notable partie de ce qu'il consomme et n'éprouve, par conséquent, pas autant que l'ouvrier industriel, le besoin de créer des sociétés de consommation ou d'y adhérer. D'autre part, en tant que producteur, il a intérêt à vendre le plus cher possible des produits tels que le blé, l'avoine, le vin, la viande, le beurre, que les sociétés coopératives, au contraire, s'efforcent d'acheter aux meilleures conditions; et, naturellement, cette opposition d'intérêts, jointe à la méfiance qu'inspirent, en général, aux campagnards les sociétés ouvrières et urbaines, n'est point faite pour les rendre sympathiques au mouvement coopératif.

Il est à noter, toutefois, que les chances de la coopération augmentent dans les régions rurales avec les progrès de la division sociale du travail, qui tendent à réduire l'importance de la production pour l'usage personnel, avec l'établissement de relations plus fréquentes et plus faciles entre les villes et les campagnes, avec la prolétarisation croissante des petits paysans, propriétaires ou locataires, dont les membres de la famille, souvent, travaillent à la fabrique ou à la mine. Mais, en général, les adhérents qu'elle y fait appartiennent à des catégories sociales, à moitié prolétarisées, dont les intérêts dominants coïncident avec ceux du prolétariat proprement dit.

Nous avons ainsi passé en revue les types les plus répandus dans notre organisation sociale — paysans, petits bourgeois, travailleurs salariés — et nous constatons, en somme, que, de ces trois groupes, les sociétés coopératives n'exercent réellement d'attraction que sur les ouvriers salariés.

Quant aux grands et aux moyens bourgeois qui, numériquement, forment une minorité assez faible, mais qui représentent, par contre, une très forte fraction de la consommation totale, quelle doit être, logiquement, leur attitude à l'égard des sociétés coopératives?

En tant que producteurs, ils ont, en général, assez peu à craindre d'elles. Sauf dans des cas exceptionnels, dont la multiplication n'apparaît pas aux capitalistes comme une menace sérieuse, les sociétés coopératives de consommation ne font pas, ou ne font guère, concurrence à leurs entreprises. Souvent même, elles sont pour les grands industriels de si bons clients, que Sorel — nous l'avons vu — a pu les appeler d' « excellents auxiliaires du capitalisme ».

Les choses, certes, changeraient d'aspect, si,

les vastes ambitions des « coopératistes » venant
à se réaliser, le développement de la production
autonome des coopératives et des magasins de
gros prenait une importance telle que la grande
industrie ou le grand commerce puissent y voir
une menace. Mais, sauf peut-être dans quelques
branches, telles que le commerce du lait, la fabrication du pain, la vente des denrées coloniales,
la brasserie, rien de pareil n'existe actuellement.
Dès lors, du point de vue de la production, les
capitalistes n'ont point. comme les petits bourgeois, des motifs d'intérêt personnel ou de classe,
pour ne pas entrer dans les sociétés coopératives
de consommation.

Si, dans la règle, ils s'en abstiennent, c'est
pour d'autres motifs. et, avant tout, parce que les
sociétés coopératives ne leur donnent pas, et ne
peuvent pas leur donner satisfaction en tant que
consommateurs.

Nous l'avons montré, en effet, ces sociétés sont,
et doivent nécessairement être, pour la plupart,
fondées par des ouvriers, composées en majeure
partie d'ouvriers, administrées par eux, faites
pour eux. Ce qu'on trouve dans leurs *stores*, ce
sont des marchandises appropriées à leur clientèle, des objets de grosse vente, qui ne compor-

tent guère de choix et qui, pour être de bonne qualité, ne sont pas de qualité supérieure.

Mettons-nous, dès lors, dans la peau d'un bourgeois, bien intentionné, que ses sentiments philanthropiques, ou, en Belgique, ses préférences politiques, poussent à devenir coopérateur.

Il prend son pain à la coopérative. Ce pain est de bonne qualité. On le fait avec des farines de pur froment. On le cuit dans des fours du meilleur modèle. Mais ce pain de ménage, très apprécié par les familles ouvrières, ne laisse pas de paraître médiocre à ceux qui ont l'habitude des pains français ou viennois, croustillants et dorés des boulangeries particulières.

Il fait une commande au magasin d'épiceries. On lui répond que la coopérative ayant des succursales dans tous les quartiers et les ménagères ayant l'habitude de s'y rendre pour faire leurs achats, on ne porte pas à domicile. Alors même, d'ailleurs, que le portage à domicile s'organise, notre bourgeois ne tarde pas à se convaincre que les épiceries consommées par la classe ouvrière ne sont pas précisément les mêmes que les produits raffinés qui paraissent sur les tables des gens riches ou sont employés pour leur cuisine.

Il s'adresse ensuite au « magasin de confections ». Mais les vêtements tout faits qu'on lui propose, ne ressemblent que d'assez loin à ceux qu'il a l'habitude de porter; et, s'il se fait faire un costume sur mesure, il y a gros à parier que ce costume ne lui donnera pas satisfaction.

Bref, après quelques expériences de ce genre, notre coopérateur restera, sans doute, fidèle, par principe, à la coopérative, mais il recourra au commerce privé pour une notable partie de ses achats; et, naturellement, ceux parmi les bourgeois et les capitalistes, que l'organisation démocratique, la composition ouvrière, le caractère anti-capitaliste, et, parfois, les tendances socialistes des coopératives, détournent déjà de leurs magasins, auront bien plus de motifs encore pour ne pas s'y approvisionner.

Seules, certaines catégories de fonctionnaires — les employés de l'État, les officiers — qui forment des groupes de consommateurs assez homogènes, peuvent trouver intérêt à s'organiser en coopératives, nettement distinctes, d'ailleurs, des coopératives ouvrières, non seulement par leur composition, mais par leurs principes fondamentaux; ou bien encore, dans des villes telles que Bâle, où la coopération neutre a pris un grand développement, verra-t-on certains services

— la fourniture du lait, par exemple — se municipaliser en quelque sorte, toutes les classes de la population ayant le même avantage à se procurer, dans de bonnes conditions, des produits de qualité uniforme.

En somme, nous arrivons à cette conclusion que l'organisation coopérative, ouvrière par ses origines, ouvrière par ses effectifs actuels, parait devoir rester principalement ouvrière dans l'avenir, parce que seuls les ouvriers, ou les travailleurs plus ou moins assimilables aux ouvriers, ont intérêt à y entrer.

De cette constatation fondamentale on peut tirer des corollaires importants, au point de vue des rapports entre le socialisme et la coopération :

1° La coopération ne saurait être considérée comme le moyen de réaliser l'abolition du régime capitaliste, par la libre socialisation des moyens de production et d'échange, puisque, n'exerçant d'attraction réelle que sur les ouvriers, et encore sur les ouvriers qui peuvent acheter au comptant, toutes les industries qui produisent pour les classes riches ou aisées, de même que pour l'exportation, lui échappent;

2° Le mouvement coopératif étant, comme le

mouvement syndical, un *mouvement ouvrier*, doit nécessairement être imprégné de l'esprit socialiste, si la classe ouvrière est elle-même socialiste.

3° La neutralité coopérative, lors même qu'elle est maintenue dans la forme, devient une pure fiction, dès l'instant où le socialisme conquiert la masse des ouvriers.

4° Dans ces conditions, la question de savoir si les sociétés coopératives de consommation doivent ou ne doivent pas être affiliées au Parti socialiste, cesse d'être une question de principe. C'est, avant tout, une question de tactique et d'opportunité.

Nous avons ainsi donné nos raisons pour repousser le neutralisme de principe des coopératistes, des *Nurgenossenschaftler*. Il nous reste à rencontrer les arguments d'ordre pratique que certains de nos amis, spécialement en France, font valoir en faveur de la neutralité coopérative.

Ils insistent, tout d'abord, sur l'avantage considérable qu'il y aurait à faire l'unité coopérative, comme on a fait l'unité syndicale, par la C. G. T., et l'unité politique, par l'entrée dans un même parti socialiste, des marxistes, des possibilistes, des blanquistes, des indépendants, révolutionnaires ou réformistes. Le mouvement coopératif, dans ces conditions, ne serait plus divisé contre lui-même. La coopération devenue neutre atteindrait son maximum de développement. Ses relations avec les syndicats et les groupes politiques seraient d'autant meilleures que son indépendance, à leur égard, serait plus complète. Et, en définitive, le socialisme ne pourrait qu'y gagner. « Faisons donc — c'est Fournière qui parle — de la coopération ouverte; ouvrons-nous à elle; ouvrons-là à tous; nous ferons ainsi du socialisme, non plus en paroles et en promesses, mais en action et en réalisation. » Car, ne l'oublions pas, la coopération a une valeur socialisante qui lui est propre : elle porte atteinte au régime capitaliste en socialisant au profit de la collectivité des consommateurs, une part, chaque jour croissante, d'instruments d'échange et de production. Parmi les modes d'organisation prolétarienne s'efforçant d'aboutir à la transformation totale de la société capitaliste, les institutions coopératives de consommation forment, dès maintenant, les organes essentiels d'une répartition collective des richesses : elles sont donc socialistes par nature[1].

Nous ne discuterons pas ici la question de

1. Fournière, *L'Unité coopérative*, p. 37, Paris, Marcel Rivière, 1910.

savoir s'il est désirable d'opérer en France, un rapprochement entre l'Union coopérative et la Bourse des coopératives ouvrières et socialistes. Notons seulement que, dans l'espoir d'arriver à ce résultat, la Bourse a cru devoir renoncer à peu près complètement à tout ce qui lui donnait un caractère spécifiquement socialiste, et que, d'ailleurs, allant jusqu'au bout de leur conception neutraliste, un grand nombre de nos camarades français — car ce sont eux qui sont nos principaux adversaires dans ce débat, — n'hésitent pas à proclamer qu'à leurs yeux, la coopération neutre est décidément supérieure à la coopération dite socialiste.

Leur principal argument, emprunté d'ailleurs à MM. Müller ou Charles Gide, c'est que la coopération neutre, ouverte à tous, débarrassée de toute subordination politique ou syndicale, exclusivement préoccupée de grouper le plus grand nombre possible de coopérateurs, a des possibilités de développement que ne saurait avoir la coopération socialiste, qui ne fait appel qu'à des personnes professant une opinion déterminée.

« Il est évident — dit M. Müller[1] — qu'une

1. *Loc. cit.*, p. 69.

coopérative de consommation qui ne poursuit pas exclusivement son but économique primitif, mais qui doit servir, en même temps, de « moyen dans la lutte pour l'émancipation de la classe ouvrière », ne réussira jamais à gagner comme membres tous les consommateurs de la localité où elle a été fondée. Les citoyens qui ne sont pas partisans de la lutte des classes — et notez bien qu'il ne s'agit pas seulement des bourgeois et des ressortissants des classes moyennes, mais encore de beaucoup de personnes qui appartiennent au monde des travailleurs, — n'adhéreront jamais à une coopérative de consommation qui se place par principe sur le terrain de la lutte de classe. Ou bien, ils renonceront à l'organisation coopérative de leur puissance d'achat, ou bien ils formeront une coopérative de consommation distincte. »

On ajoute que si, par le fait des tendances politiques de certaines d'entre elles, les coopératives se font la guerre, au lieu de se prêter un mutuel appui, il devient impossible de les fédérer et d'organiser sérieusement, sous forme de magasins de gros, la puissance d'achat des consommateurs.

A l'appui de cette argumentation on invoque deux faits principaux :

1° La comparaison des résultats obtenus par la

plus importante des sociétés coopératives suisses, l'Allgemeine Konsumverein, de Bâle, qui reste neutre, et par la plus florissante des sociétés coopératives socialistes, la Maison du Peuple, de Bruxelles.

2° La comparaison des résultats obtenus par les fédérations ou wholesales d'Angleterre, d'Allemagne ou de Suisse, et par les fédérations socialistes de France et de Belgique.

Nous allons examiner, successivement, quelle est la portée réelle de l'un et l'autre argument.

La coopérative de Bâle, dit-on, compte près de 30 000 membres, sur une population de 125 000 habitants, soit 24 p. 100. La coopérative de Bruxelles compte 20 000 membres, sur une population de 650 000 habitants, soit seulement 3 p. 100. Si l'on multiplie le nombre des coopérateurs par 4, pour tenir compte des familles, les pourcentages deviennent respectivement 96 p. 100 et 12 p. 100. Peu importe, d'ailleurs, pour la comparaison.

Peu importe, en effet. Mais ce qui importe beaucoup, c'est de savoir dans quelle mesure l'inégalité de ces pourcentages peut être légitimement attribuée au caractère neutre ou politique des deux coopératives? Pour ne point parler d'autres facteurs — le développement de l'instruction primaire, par exemple — qui contribuent à rendre compte de la supériorité de Bâle sur Bruxelles, il ne faut pas oublier que Bâle est, en somme, une ville secondaire, que Bruxelles, au contraire, est une capitale. Or dans toutes les capitales, le développement de la coopération rencontre beaucoup plus d'obstacles que dans les agglomérations urbaines moins importantes. Tout le monde sait, par exemple. que si l'on compare les coopératives neutres de Bristol ou de Hambourg aux coopératives éga'ement neutres de Londres ou de Berlin, la différence entre elles. sans être aussi grande, reste, néanmoins, considérable [1].

La K. G. de Berlin avait, au 31 décembre 1910, 27 957 membres, pour une population totale, non compris les faubourgs, de 2 070 695 habitants. Soit 1,3 p. 100. Les deux coopératives de Hambourg, affiliées l'une et l'autre au Zentral-Verband, Produktion et Neue Gesellschaft, avaient respectivement 49 000 et 35 000 membres, soit un total de 84 000 membres, pour une population de 932 078 habitants : 9 p. 100. L'écart est donc à

1. Müller, *Die Klassenkampftheorie und das Neutralitätsprinzip der Konsumgenossenschaftsbewegung*, p. 4.

peu près aussi grand qu'entre les coopératives de Bruxelles et de Bâle. Et cela seul suffit à montrer le peu de pertinence de l'argument invoqué contre la coopération socialiste.

Au surplus, ce serait une erreur de croire que si la Maison du Peuple de Bruxelles, le Vooruit, le Progrès de Jolimont, ne parviennent pas, comme la coopérative de Bâle, à grouper tous les coopérateurs en une seule société, c'est parce qu'elles ont l'étiquette socialiste. Elles se déclareraient neutres que, vraisemblablement, ceux qui ne veulent pas en faire partie aujourd'hui, continueraient à ne vouloir pas en faire partie. Dans une société profondément divisée, à la fois, par des antagonismes de religion et des antagonismes de classe, il est à peu près inévitable que les hommes qui n'ont pas les mêmes croyances et les mêmes opinions se groupent séparément. L'exemple de l'Allemagne, où la déclaration de neutralité du Zentral-Verband, comme de l'Allgemeine-Verband, n'empêche pas ces deux fédérations de se combattre, le prouve à l'évidence.

Quant à l'incontestable infériorité des Fédérations ou Unions coopératives en France ou en Belgique, au regard de celles d'Allemagne ou d'Angleterre, c'est, à notre avis, une erreur que de l'attribuer, et surtout de l'attribuer exclusivement, ou principalement, aux tendances socialistes d'une partie du mouvement coopératif dans les deux premiers pays.

Certes, le fait que les coopératives belges ou françaises se divisent en deux ou plusieurs groupes, plus ou moins hostiles, empêche la création d'un magasin de gros unique. Mais la même situation existe en Allemagne. Il y a en Allemagne, comme en Belgique et en France, des coopératives confessionnelles, qui ont été créées sous l'inspiration du Centre, des coopératives bourgeoises, à tendances libérales, des coopératives, groupées dans le Zentral-Verband, dont la neutralité ne dissimule qu'imparfaitement les tendances socialistes. Et, cependant, de toutes les Wholesales d'Europe, aucune ne se développe avec une aussi prodigieuse rapidité que le Magasin de gros de Hambourg.

D'ailleurs, si l'on peut admettre que l'absence d'unité coopérative empêche les wholesales de prendre tout leur développement, il tombe sous le sens que ce n'est pas l'étiquette politique des coopératives socialistes belges ou françaises qui les empêche de se grouper entre elles, plus sérieusement et plus complètement qu'elles ne le font. pour la production et l'achat en gros.

La vérité est ailleurs.

Pour ce qui concerne, en tous cas, la Fédération des coopératives belges, dont le chiffre d'affaires, presque dérisoire — un peu plus de 5 millions de francs par an — serait d'ailleurs quintuplé, si la plupart des coopératives socialistes n'avaient pas formé un groupement distinct pour l'achat de leurs farines, sa faiblesse actuelle tient à des causes complexes. Mais, de ces causes, la plus importante, c'est l'esprit de particularisme local, auquel se heurtent, et, de tout temps se sont heurtés en Belgique, les efforts les plus justifiés dans le sens de la centralisation. Il faut en accuser le caractère belge, produit lui-même de l'évolution historique. Le socialisme n'y est pour rien. Bien au contraire. Nous osons dire même que si nos coopératives étaient neutres, si le socialisme ne tendait pas à les rapprocher, leur effort serait bien plus éparpillé encore qu'il ne l'est.

En somme, il convient de ne pas exagérer l'importance des arguments d'ordre pratique que l'on invoque en faveur de la « neutralité ».

Nous ne voulons pas contester, cependant, que,

toutes autres conditions étant égales, la coopération neutre, faisant appel à tous les consommateurs, ait chances de recruter plus d'adhérents que la coopération socialiste, qui ne fait appel qu'aux travailleurs, et aux travailleurs d'une opinion déterminée.

Mais les « autres conditions » sont-elles jamais égales, et qui mesurera, par exemple, l'influence que la force d'attraction de l'idée socialiste exerce sur le développement de la coopération?

Ce n'est pas nous, seulement, qui le disons. M. Charles Gide, lui-même, le constate :

« Il est juste de reconnaitre — écrit-il, à propos des coopérateurs socialistes — qu'en portant la coopération sur le terrain de la lutte de classe, ils lui ont donné une plus vigoureuse impulsion et qu'ils ont pu obtenir de leurs membres plus de discipline et plus de sacrifices. Cela est bien naturel : en effet, dans tous les domaines et de tout temps, l'esprit de combativité et l'esprit de solidarité vont de pair, et ceux qui sont engagés dans une lutte quelconque sont plus disposés à serrer les rangs et à consentir des sacrifices que ceux qui poursuivent seulement un idéal plus ou moins lointain [1]. »

1. Ch. Gide, *Les Sociétés coopératives de consommation*, 2ᵉ édit., p. 238, Paris, 1910.

A supposer, d'ailleurs, qu'il en soit autrement, et qu'en fait, la coopération neutre l'emporte, en moyenne, sur la coopération socialiste, au point de vue numérique, faudrait-il pour cela, lui donner la préférence?

Répondre affirmativement à cette question, c'est proclamer qu'en matière de coopération, tout doit être subordonné à la préoccupation des gros effectifs.

Telle est bien, au surplus, la pensée des neutralistes.

Assez peu leur importe que les coopérateurs soient des bourgeois ou des ouvriers, des conservateurs ou des socialistes, des utilitaires ou des idéalistes, des chasseurs de dividendes ou des hommes soucieux avant tout de l'intérêt général. L'essentiel, c'est d'avoir le nombre, et, par la force du nombre, de réaliser, automatiquement pour ainsi dire, la conquête progressive des moyens de production et d'échange.

Il est bien vrai que si certains de nos camarades socialistes se déclarent pour la neutralité coopérative, c'est parce qu'ils croient, dur comme fer, qu'avec ou sans étiquette socialiste, la coopération est « socialiste par nature ». On peut la déclarer ouverte à tous : elle n'en reste pas moins, par son origine et par sa composition, un mouvement de la classe ouvrière et, pour autant, bien entendu, qu'elle reste fidèle aux principes rochdaliens, un mouvement socialiste, puisqu'elle tend à exproprier, au profit des consommateurs, un nombre croissant d'entreprises capitalistes.

C'est, notamment, ce qu'affirmait Héliès, au Congrès des Bourses coopératives socialistes (Calais, 1911) :

« Nous sommes socialistes, membres dévoués du Parti — aussi dévoués que quiconque — mais, ce que nous voulons par-dessus tout, c'est affirmer la *valeur socialiste propre de la coopération.*

« S'il suffisait que la concentration capitaliste agisse pour réaliser le socialisme, les États-Unis seraient le pays où le socialisme serait le plus fort. Or, il en est bien loin.

« La Wholesale, pourtant, avec ses millions, n'est-elle pas une grande richesse socialisée, possédée par tous. D'ailleurs, le mouvement coopératif représente l'intérêt de l'ensemble des coopérateurs et se trouve ainsi parfois en conflit avec les intérêts corporatifs ou régionaux étroits, représentés soit par les syndicats, soit par certains élus agraires du Parti, ou d'autres qui ont des complaisances pour les petits boutiquiers ou les paysans propriétaires.

« Dans le Nord, en posant des conditions extra-coopératives à l'adhésion des coopérateurs, on a écarté des milliers de travailleurs. En revanche, les camarades de Lille constituent des entreprises comme la brasserie de Lille, sur des bases purement capitalistes[1]. »

Laissons de côté, dans cette argumentation, les incidentes qui n'ont rien à voir au débat actuel : telles, les causes de la faiblesse relative du socialisme aux États-Unis, ou la question de savoir si les socialistes de Lille ont eu tort ou raison de fonder sur « des bases capitalistes », une brasserie qui procure des bénéfices à leur propagande.

Il reste que, dans la pensée d'Héliès, la coopération rochdalienne a une valeur socialiste propre. Et, sur ce point, il se rencontre avec Müller, avec Charles Gide, avec l'Union coopérative de France, qui, peu de temps avant le Congrès de Calais, et, sans doute, pour faciliter un rapprochement avec la B. C. S., votait un Exposé de principes, dont nous extrayons ce qui suit :

« La Coopération a comme moyen l'Association

______

1. Voir Compte rendu dans le *Mouvement socialiste*, septembre-octobre, 1911.

libre et tend à l'abolition du profit sous sa double forme, soit de profit commercial, prélevé sur le consommateur, soit de profit industriel, prélevé sur le salaire, en le restituant au salarié.

« La Coopération est donc socialiste par définition même, puisque, par l'élimination des prélèvements parasitaires exercés sur la consommation ou sur le travail, elle tend à tarir les sources des grandes fortunes capitalistes et à établir une répartition des richesses plus conformes à la justice.

« Elle diffère, cependant, du socialisme ordinaire en ce qu'elle croit inutile de recourir à l'expropriation par voie révolutionnaire ou même par voie légale, mais agit en se substituant progressivement aux entreprises commerciales et industrielles, en leur prenant leur clientèle et leurs salariés, et en gardant pour elle les bénéfices; en un mot, en refaisant pour le compte de la classe ouvrière « ce que la classe bourgeoise a fait dans le passé pour son propre compte. »

On prétend donc que la coopération est socialiste par nature, socialiste par définition, d'abord parce qu'elle supprime un certain nombre d'intermédiaires, ou de producteurs, individuels, et réalise, par le fait, une socialisation partielle des moyens de production et d'échange; en second lieu, parce qu'elle tend à supprimer le profit capitaliste, sous sa double forme : profit commercial, réalisé sur le consommateur; profit industriel, réalisé sur le salarié.

Voyons ce que valent l'un et l'autre argument.

La coopération supprime un certain nombre d'intermédiaires ou de producteurs individuels qui, pour la plupart, ne sont pas des capitalistes, mais de très petites gens, qu'elle rejette dans le prolétariat. A ce point de vue donc, loin de libérer des prolétaires, elle en crée de nouveaux. Mais par le fait elle substitue à la propriété individuelle des expropriés, la propriété d'un groupe de consommateurs, et, comme ce groupe a intérêt à compter le plus grand nombre possible d'adhérents, il peut arriver — comme c'est le cas à Bâle — que, pour certains services, comme la fourniture du lait ou la fabrication du pain, une grande société coopérative de consommation devienne, ou tende à devenir, un organisme assez semblable à une commune.

Cette « libre municipalisation » présente, assurément, de réels avantages. Elle tend à abaisser le coût de la vie. Elle donne de sérieuses garanties quant à la qualité des produits. Elle fait disparaître des formes surannées de l'échange ou de la production. Elle aboutit, comme la municipalisation proprement dite, ou l'étatisation, à constituer un patrimoine collectif. Mais est-ce là du socialisme?

La réponse que l'on fait à cette question dépend évidemment de l'idée que l'on a du socialisme, de la manière dont on le définit.

Si le socialisme n'est pas autre chose que l'appropriation par l'État, par la Commune, ou par un groupe de consommateurs, plus ou moins assimilable à une Commune, de certains moyens de production ou d'échange, on pourra voir du socialisme dans le fait de l'État prussien rachetant des charbonnages, du conseil municipal antisémite de Vienne, possédant des tramways ou des usines d'éclairage, ou d'une coopération d'affaires, telle qu'Army and Navy, ayant dans son patrimoine de vastes magasins. Et, à plus forte raison, en sera-t-il de même, lorsqu'il s'agira du Konsumverein de Bâle ou de Breslau.

Mais si le socialisme implique — et c'est ainsi que nous le définissons — l'appropriation collective des moyens de production et d'échange *par les travailleurs eux-mêmes*, il devient éviden. que le patronat collectif d'un groupe de consommateurs, employant un certain nombre d'entre eux comme salariés. n'est pas plus du socialisme, que l'exploitation d'une régie communale ou d'un domaine appartenant au fisc.

On insiste, cependant. On reprend ce mot de Kautsky : « le régime socialiste, qu'est-ce donc autre chose qu'une coopérative élargie et généralisée? » Et, prolongeant idéalement l'évolution actuelle, on suppose un état social où tous les consommateurs, et, par conséquent, tous les producteurs, seraient groupés dans des Fédérations coopératives : dans ces conditions, le régime coopératif n'aboutirait-il pas, en somme, à « la socialisation des moyens de production et d'échange », qui figure en tête de tous les programmes socialistes?

Soit, mais en attendant, nous sommes en présence de groupes plus restreints — qu'il s'agisse de coopératives ou de wholesales — et, dans ces groupes, la personne des producteurs ne se confond nullement avec celle des consommateurs. La question se pose, dès lors, de savoir si, dans ce genre d'associations, la plus-value produite par les salariés de la coopérative, et transformée en profit n'est pas confisquée indûment par la masse des coopérateurs?

Nous connaissons déjà la réponse que les neutralistes des Unions coopératives, et avec eux les socialistes partisans de la neutralité, font à cette question. Pour eux — et c'est le second argument qu'ils invoquent — la coopération est socialiste par définition, parce qu'elle tend à abolir le profit commercial prélevé sur le consommateur et le profit industriel prélevé sur le salarié.

En est-il réellement ainsi?

Au Congrès de Calais, comme à Copenhague, les Guesdistes, adversaires déclarés de la neutralité coopérative, l'ont violemment contesté. A l'encontre des neutralistes, ils soutinrent qu'en elle-même, la coopération n'est que du mercantilisme. Elle emploie, donc elle exploite, des salariés, tout comme les entreprises capitalistes. Elle ne supprime pas les profits commerciaux ou industriels. La seule différence est, qu'au lieu de les répartir au prorata du capital versé, elle les répartit au prorata de la consommation. De telle sorte — disait Jules Guesde, au Congrès de Copenhague — que, dans une coopérative alimentaire, ceux qui mangent le plus, les gros, prennent la plus grande partie des bénéfices, tandis que ceux qui mangent le moins, les maigres, sont réduits à la portion congrue dans la répartition, aussi bien que dans la consommation.

On a maintes fois répondu à ce dernier argument. On reconnaît que Guesde aurait raison, si ce qu'on appelle les bénéfices d'une coopérative était réellement des bénéfices. Mais on ajoute : ce qui caractérise précisément la coopération, ce qui la différencie du mercantilisme, c'est que les prétendus bénéfices qu'elle distribue, ne sont pas des *bénéfices* mais des *trop perçus*.

En effet, dans une société coopérative de consommation qui reste fidèle aux principes rochdaliens, les produits sont, autant que possible, vendus, ou plutôt distribués au prix de revient. Seulement, comme la coopération a besoin d'un fonds de roulement et que, d'autre part, on ne peut déterminer d'avance, avec exactitude, le prix de revient, on laisse une certaine marge; on fixe, par exemple, à 26 centimes, le prix d'un kilo de pain qui coûtera 23 centimes à produire, et c'est seulement à l'expiration d'un certain délai, à la fin de l'année ou du semestre, qu'après avoir calculé la différence entre le prix de vente et le prix de revient (ou d'achat en gros), on ristournera cette différence aux membres, déduction faite des affectations à l'amortissement, au fonds de réserve ou à des œuvres de propagande et d'intérêt général. Dans ces conditions, on ne saurait contester que la coopération supprime le profit commercial et qu'elle restitue à ses membres, soit directement, sous forme de ristournes, soit indirectement, sous forme d'avantages collectifs, tout ce qu'elle perçoit en trop sur les prix de vente.

Il semble, à première vue, que cette réfutation soit péremptoire.

Mais regardons-y de plus près.

Du point de vue des consommateurs, certes, pour les raisons qui viennent d'être dites, le système rochdalien de la répartition au prorata de la consommation est la justice même. Seulement, il n'y a pas que les consommateurs. Il y a les producteurs. Il y a le personnel de la coopérative, les employés et les ouvriers.

Or, dans les sociétés de consommation, comme dans les sociétés anonymes, les employés et les ouvriers sont des salariés. Ces salariés produisent de la plus-value. Et, à leur point de vue de salariés, il importe assez peu que cette plus-value, transformée en profit, soit confisquée à leurs dépens par un capitaliste isolé, par quelques douzaines d'actionnaires, ou par quelques centaines ou quelques milliers de coopérateurs.

Supposons, pour prendre un cas extrême, qu'à l'exemple d'autres patrons, une coopérative emploie des sarrazins, leur paie des salaires notablement inférieurs aux salaires fixés par les tarifs syndicaux, et, abusant de leur lâcheté ou de leur faiblesse, prolonge démesurément leur journée de travail. Suffira-t-il, dans ces conditions, qu'elle abaisse au minimum ses prix de vente, ou qu'elle ristourne intégralement à ses membres les profits réalisés sur le dos de son personnel, pour que l'exploitation de celui-ci cesse d'être de l'exploitation?

Il n'est donc pas vrai de dire que par définition, par nature, la coopération tende à supprimer le profit industriel prélevé sur le salarié, et, d'une manière générale, l'exploitation des travailleurs par le patronat. Elle est elle-même un patronat qui, pour être collectif, n'en est pas moins un patronat.

Certes, les choses changeraient d'aspect, dans un état social — l'État coopératif des neutralistes — où tous les citoyens étant à la fois producteurs et consommateurs dans la même association d'égaux, se trouveraient dans l'impossibilité de s'exploiter eux-mêmes.

Mais, aujourd'hui, une coopérative peut être un patron détestable, et elle a d'autant plus de chance de l'être que, par la neutralité, elle s'isole plus complètement des autres formes de l'organisation ouvrière et subit plus fortement les suggestions de l'esprit bourgeois.

En résumé, il nous est imposible d'admettre que la société coopérative de consommation soit socialiste p͏ nature, socialiste par définition. Elle peut, tout comme une entreprise capitaliste, extorquer de la plus-value aux salariés qu'elle emploie. Elle peut n'être pas autre chose qu'un groupement de consommateurs, sans idéal et sans vues d'avenir, préoccupés exclusivement de se procurer à bas prix les choses nécessaires à la vie et de toucher des dividendes, aux dépens du personnel et des consommateurs non associés. Et, dans ces conditions, on peut se demander si elle n'est pas plus nuisible qu'utile au prolétariat dans sa lutte contre le capitalisme?

Nous entendons bien ce que l'on peut répondre. On dira que, pour être neutres, et théoriquement ouvertes à t͏us, les sociétés coopératives n'en sont pas moins, d'ordinaire, des groupements ouvriers; que dans les pays où les travailleurs sont fortement organisés sur le terrain politique, l'influence socialiste y prédomine; que grâce à cette influence, il n'est pas à craindre qu'elles en viennent à exploiter leur personnel ou à dégénérer en simples affaires; bref, que leur neutralité est, avant tout, une neutralité tactique, qui ne les empêche nullement de faire, selon le mot de Fournière « du socialisme en action et en réalisation ».

Tout le monde, cependant, ne partagera pas cet optimisme et, à parler franc, l'histoire de bien des coopératives neutres est rien moins que faite pour le justifier.

Mais concédons, pour un moment, qu'il en soit ainsi. Admettons que les coopératives neutres étant, au fond, grâce à la mentalité de leurs membres, des coopératives socialistes — comme c'est d'ailleurs le cas pour beaucoup de sociétés du Zentral-Verband en Allemagne — adoptent les mêmes règles d'action, nouent les mêmes relations avec les syndicats, accordent les mêmes avantages à leur personnel, créent les mêmes institutions que des coopératives ouvertement socialistes. Qui ne voit que, dans ces conditions, leur neutralité ne trompera personne? Si bien que, des deux choses l'une : ou, la coopération sera réellement neutre, ouverte aux bourgeois comme aux ouvriers, fondée sur le principe de la *collaboration des classes*, préoccupée seulement de fournir aux consommateurs des marchandises à bas prix, et, dans ce cas, elle renonce à tout ce qui fait la grandeur et la valeur d'avenir de la coopération socialiste ; ou, elle est socialiste, sans porter l'étiquette du socialisme, elle reste purement ouvrière, elle se place sur le terrain de la *lutte des classes*, elle s'associe aux autres formes d'organisation prolétarienne dans leur lutte contre le capitalisme, et, dans ce cas, il n'y a aucune raison de croire qu'elle recrute ses membres plus facilement et qu'elle ait des possibilités de développement plus grandes, que la coopération socialiste proprement dite.

Dès lors, nous estimons que mieux vaut mettre l'étiquette d'accord avec la réalité. C'est une garantie contre les déviations, une mesure de précaution utile contre les adhésions non désirables, un moyen d'empêcher que, par l'afflux d'éléments non socialistes, les coopératives ne cessent d'être des instruments de lutte, pour verser dans l'affairisme et sacrifier à ce que le Dr Müller appelait un jour, en parlant des coopératives anglaises, le culte exclusif du dieu Divi.

A mesure, du reste, que les travailleurs comprendront mieux la nécessité de faire partie, à la fois, de leur groupe politique, de leur syndicat et de leur coopérative, des relations toujours plus intimes s'établiront entre les diverses formes de l'action prolétarienne. Elles conserveront leur autonomie, mais elles se prêteront un mutuel appui et feront converger leur effort vers ce but commun : la transformation du travail salarié en travail associé.

TABLE DES MATIÈRES

CHAPITRE I

CHAPITRE II

CHAPITRE III

COULOMMIERS

Imprimerie PAUL BRODARD.

COLLECTION
D'AUTEURS ÉTRANGERS CONTEMPORAINS
Histoire — Morale — Économie politique — Sociologie

Format in-8. (Pour le cartonnage, **1 fr. 50** en plus.)

BAMBERGER. — **Le Métal argent au XIXe siècle.** Traduction par M. RAPHAEL-GEORGES LÉVY. 1 vol. Prix, broché . . . . . . 6 fr. 50

C. ELLIS STEVENS. — **Les Sources de la Constitution des États-Unis** *étudiées dans leurs rapports avec l'histoire de l'Angleterre et de ses Colonies.* Traduit par LOUIS VOSSION. 1 vol. in-8. Prix, broché. 7 fr. 50

GOSCHEN. — **Théorie des Changes étrangers.** Traduction et préface de M. LÉON SAY. *Quatrième édition française* suivie du *Rapport de 1875 sur le paiement de l'indemnité de guerre,* par le même. 1 vol. Prix, broché . . . . 7 fr. 50

HOWELL. — **Le Passé et l'Avenir des Trade Unions.** *Questions sociales d'aujourd'hui.* Traduction et préface de M. LE COUR GRANDMAISON. 1 vol. Prix, broché . . . . 5 fr. 50

KIDD. — **L'évolution sociale.** Traduit par M. P. LE MONNIER. 1 vol. in-8. Prix, broché . . . . 7 fr. 50

NITTI. — **Le Socialisme catholique.** Traduit avec l'autorisation de l'auteur. 1 vol. Prix, broché . . . . 7 fr. 50

RUMELIN. — **Problèmes d'Économie politique et de Statistique.** Traduit par AR. DE RIEDMATTEN. 1 vol. Prix, broché . . . . . 7 fr. 50

SCHULZE GAVERNITZ. — **La grande Industrie.** Traduit de l'allemand. Préface par M. G. GUÉROULT. 1 vol. Prix, broché . . . . . . 7 fr. 50

W.-A. SHAW. — **Histoire de la Monnaie (1252-1894).** Traduit par M'. AR. RAFFALOVICH. 1 vol. Prix, broché . . . . 7 fr. 50

THOROLD ROGERS. — **Histoire du Travail et des Salaires en Angleterre depuis la fin du XIIIe siècle.** Traduction avec notes par E. CASTELOT. 1 vol. in-8. Prix, broché . . . . 7 fr. 50

WESTERMARCK. — **Origine du Mariage dans l'espèce humaine.** Traduction de M. H. DE VARIGNY. 1 vol. Prix, broché . . . . . . 11 fr.

DICTIONNAIRE DU COMMERCE
DE L'INDUSTRIE ET DE LA BANQUE

DIRECTEURS :
MM. Yves GUYOT et Arthur RAFFALOVICH

2 volumes grand in-8. Prix, brochés . . . . 50 fr.
— — reliés . . . . 58 fr.

NOUVEAU DICTIONNAIRE
D'ÉCONOMIE POLITIQUE

PUBLIÉ SOUS LA DIRECTION DE
M. LÉON SAY et de **M. JOSEPH CHAILLEY-BERT**
Deuxième édition.

2 vol. grand in-8 raisin et un Supplément : prix, brochés . . . . . . **60** fr.
— — demi-reliure chagrin . . . . **69** fr.

COMPLÉTÉ PAR 3 TABLES : **Table des auteurs, Table méthodique et Table analytique.**

HISTOIRE UNIVERSELLE DU TRAVAIL

PUBLIÉE SOUS LA DIRECTION

de **G. RENARD**, professeur au Collège de France.

Sera publiée en 12 volumes

Chaque volume in-8, avec gravures. . . . . **5 fr.**

Viennent de paraître :

PAUL LOUIS. Le travail dans le monde romain. 1 vol. avec 41 gravures.
RENARD (G.) et DULAC (A.). L'évolution industrielle et agricole
depuis cent cinquante ans. 1 vol. avec 34 gravures.

REVUE PHILOSOPHIQUE

DE LA FRANCE ET DE L'ÉTRANGER

DIRIGÉE par **Th. RIBOT**

Membre de l'Institut, Professeur honoraire au Collège de France.
37ᵉ année, 1912. — PARAIT TOUS LES MOIS.

Abonnement :

Un an du 1ᵉʳ Janvier : Paris, **30** fr.; Départ. et Étranger, **33** fr.
La livraison, **3** fr.

JOURNAL DES ÉCONOMISTES

REVUE MENSUELLE DE LA SCIENCE ÉCONOMIQUE ET DE LA STATISTIQUE
71ᵉ ANNÉE, 1912.

PARAIT LE 15 DE CHAQUE MOIS
par fascicules grand in-8 de 10 à 12 feuilles (180 à 192 pages).

RÉDACTEUR EN CHEF : **M. YVES GUYOT**

Ancien ministre,
Vice-président de la Société d'Économie politique

CONDITIONS DE L'ABONNEMENT :

France et Algérie : UN AN . . . . **36** fr.; SIX MOIS . . . . . . **19** fr.;
Union postale : UN AN . . . . **38** fr., SIX MOIS . . . . . . **20** fr.
LE NUMÉRO . . . . **3** fr. **50**

Les abonnements partent de Janvier, Avril, Juillet ou Octobre.

REVUE HISTORIQUE

Dirigée par MM. G. MONOD, de l'Institut, **et Ch. BÉMONT**
(37ᵉ année, 1912). — Parait tous les deux mois.

**Abonnement du 1ᵉʳ Janvier, un an : Paris, 30 fr. — Départements et
étranger, 33 fr. — La livraison, 6 fr.**

REVUE DU MOIS

DIRECTEUR : **Émile BOREL**, professeur à la Sorbonne.
SECRÉTAIRE DE LA RÉDACTION : A. BIANCONI, agrégé de l'Université.

(7e année, 1912). — Paraît tous les mois.

ABONNEMENT DU 1er DE CHAQUE MOIS :
Un an : Paris, **20** fr. — Départements, **22** fr. — Étranger, **25** fr.
Six mois : — **10** fr. —   —   **11** fr. —   —   **12** fr. **50**.
La livraison, **2** fr. **25**.

REVUE DES ÉTUDES NAPOLÉONIENNES

Publiée sous la direction de M. **Ed. DRIAULT**.

(1re année, 1912). — Paraît tous les deux mois.

ABONNEMENT (du 1er janvier). Un an : France, **20** fr. — Étranger, **22** fr
La livraison, **4** fr.

REVUE DES SCIENCES POLITIQUES

Suite des ANNALES DES SCIENCES POLITIQUES.

(27e année, 1912). — Paraît tous les deux mois.

Rédacteur en che' : **M. ESCOFFIER**,
professeur à l'École des Sciences politiques.

ABONNEMENT : du 1er janvier, Paris **18** fr.; Départ. et Étranger, **19** fr.
La livraison : **3** fr. **50**.

BULLETIN DE LA STATISTIQUE GÉNÉRALE
DE LA FRANCE

(2e année, 1912-1913). — Paraît tous les trois mois.

ABONNEMENT (du 1er octobre). Un an : France et Étranger, **14** fr.
La livraison, **4** fr.

Abonnements sans frais à la Librairie Félix Alcan, chez tous les libraires et dans tous les bureaux de poste.

1105-12. — Coulommiers. Imp. PAUL BRODARD. — 10-12.

LIBRAIRIE FÉLIX ALCAN

FÉLIX ALCAN ET R. LISBONNE, ÉDITEURS

EXTRAIT DU CATALOGUE

PHILOSOPHIE — HISTOIRE — SCIENCES — MÉDECINE
ÉCONOMIE POLITIQUE — STATISTIQUE — FINANCES

TABLE DES MATIÈRES

PARIS

108, BOULEVARD SAINT-GERMAIN, 108 (6e)

—

JUILLET 1912

BIBLIOTHÈQUE
DE PHILOSOPHIE CONTEMPORAINE

VOLUMES IN-16.

Brochés, 2 fr. 50.

Derniers volumes publiés :

J. M. Baldwin.
Darwinisme dans les sc. morales.
A. Bauer.
La conscience collect. et la morale.
G. Bohn.
Nouvelle psychologie animale.
J. Bourdeau.
La philosophie affective.
Dugas et Moutier.
La dépersonnalisation.
Emerson.
Essais choisis.
R. Eucken.
Sens et valeur de la vie.
H. Höffding.
Jean-Jacques Rousseau.
A. Joussain.
Esquisse d'une philos. de la nature.
J. M. Laby.
La morale de Jésus.
F. Le Dantec.
Le chaos et l'harmonie universelle.
E. Le Roy.
Une philos. nouv. : H. Bergson.

E. Lichtenberger.
Le Faust de Gœthe.
W. Ostwald.
Esquisse d'une philos. des sciences.
Parisot et Martin.
Les postulats de la pédagogie.
E. de Roberty.
Concepts de la rais. et lois de l'univ.
J. Rogues de Fursac.
L'avarice.
Schopenhauer.
Philos. et science de la nature.
Fragments sur l'hist. de la philos.
Essai sur les apparitions et opuscules divers.
J. Segond.
Cournot.
F. Simiand.
Méth. positive en science écon.
P. Sollier.
Morale et moralité.
M. Winter.
La méthode dans la philosophie des mathématiques.

Alaux.
Philosophie de Victor Cousin.
R. Allier.
Philosophie d'Ernest Renan. 3e éd.
L. Arréat.
La morale dans le drame. 3e édit.
Mémoire et imagination. 2e édit.
Les croyances de demain.
Dix ans de philosophie (1890-1900).
Le sentiment religieux en France.
Art et psychologie individuelle.
G. Aslan.
Expérience et Invention en morale.
Lord Avebury
(Sir John Lubbock).
Paix et bonheur.
G. Ballet.
Langage intérieur et aphasie. 2e éd.
A. Bayet.
La morale scientifique. 2e édit.
Beaussire.
Antécédents de l'hégélianisme.
Bergson.
Le rire. 8e édit.

Binet.
Psychologie du raisonnement. 5e éd.
Hervé Blondel.
Les approximations de la vérité.
C. Bos.
Psychologie de la croyance. 2e éd.
Pessimisme, féminisme, moralisme.
M. Boucher.
Essai sur l'hyperespace. 2e éd.
C. Bouglé.
Les sciences sociales en Allemagne.
Qu'est-ce que la sociologie? 2e éd.
J. Bourdeau.
Les maîtres de la pensée. 6e éd.
Socialistes et sociologues. 2e édit.
Pragmatisme et modernisme.
E. Boutroux.
Conting. des lois de la nature. 6e éd.
Brunschvicg.
Introd. à la vie de l'esprit. 3e éd.
L'idéalisme contemporain.
C. Coignet.
Protestantisme français au xixe siècle.

G. Compayré.
L'adolescence. 2º édit.

Coste.
Dieu et l'âme. 2º édit.

Em. Cramaussel.
Le premier éveil intellectuel de l'enfant. 2º édit.

A. Cresson.
Bases de la philos. naturaliste.
Le malaise de la pensée philos.
La morale de Kant. 2º éd.

G. Danville.
Psychologie de l'amour. 5º édit.

L. Daurlac.
La psychol. dans l'opéra français.

J. Delvolvé.
L'organisation de la conscience morale.
Rationalisme et tradition. 2º édit.

G. Dromard.
Les mensonges de la vie intérieure.

L. Dugas.
Psittacisme et pensée symbolique.
La timidité. 5º édit.
Psychologie du rire. 2º édit.
L'absolu.

L. Duguit.
Le droit social, le droit individuel et la transformation de l'État. 2º éd.

G. Dumas.
Le sourire.

Dunan.
Théorie psychologique de l'espace.
Les deux idéalismes.

Duprat.
Les causes sociales de la folie.
Le mensonge. 2º édit.

E. Durkheim.
Les règles de la méthode sociol. 6º éd.

E. d'Eichthal.
Cor. de S. Mill et G. d'Eichthal.
Pages sociales.

Encausse (Papus).
Occultisme et spiritualisme. 3º éd.

A. Espinas.
La philos. expériment. en Italie.

E. Faivre.
De la variabilité des espèces.

Ch. Féré.
Sensation et mouvement. 2º édit.
Dégénérescence et criminalité. 4º éd.

E. Ferri.
Les criminels dans l'art.

Fierens-Gevaert.
Essai sur l'art contemporain. 2º éd.
La tristesse contemporaine. 5º éd.
Psychol. d'une ville. Bruges. 3º éd.
Nouveaux essais sur l'art contemp.

Maurice de Fleury.
L'âme du criminel. 2º éd.

Fonsegrive.
La causalité efficiente.

A. Fouillée.
Propriété sociale et démocratie. 4º édit.

E. Fournière.
Essai sur l'individualisme. 2º édit.

Gauckler.
Le beau et son histoire.

G. Geley.
L'être subconscient. 3º édit.

J. Girod.
Démocratie, patrie et humanité.

E. Goblot.
Justice et liberté. 2º édit.

A. Godfernaux.
Le sentiment et la pensée. 2º édit.

J. Grasset.
Les limites de la biologie. 6º édit.

G. de Greef.
Les lois sociologiques. 4º édit.

Guyau.
La genèse de l'idée de temps. 2º éd.

E. de Hartmann.
La religion de l'avenir. 7º édition.
Le darwinisme. 9º édition.

R. C. Herckeurath.
Probl. d'esthétique et de morale.

Marie Jaëll.
L'intelligence et le rythme dans les mouvements artistiques.

W. James.
La théorie de l'émotion. 3º édit.

Paul Janet.
La philosophie de Lamennais.

Jankelevitch.
Nature et société.

A. Joussain.
Le fondement psychologique de la morale.

N. Kostyleff.
La crise de la psychologie expérimentale.

J. Lachelier.
Du fondement de l'induction. 6º éd.
Études sur le syllogisme.

C. Laisant.
L'éducation fondée sur la science. 3º éd.

Mᵐᵉ Lampérière.
Le rôle social de la femme.

A. Landry.
La responsabilité pénale.

Lange.
Les émotions. 4º édit.

Lapie.
La justice par l'État.

Laugel.
L'optique et les arts.

Gustave Le Bon.
Lois psychol. de l'évol. des peuples.
10e éd.
Psychologie des foules. 17e éd.

F. Le Dantec.
Le déterminisme biologique. 3e éd.
L'individualité et l'erreur individua-
liste. 3e édit.
Lamarckiens et darwiniens. 4e éd.

G. Lefèvre.
Obligation morale et idéalisme.

Liard.
Les logiciens anglais contem. 5e éd.
Définitions géométriques. 3e édit.

H. Lichtenberger.
La philosophie de Nietzsche. 13e éd.
Aphorismes de Nietzsche. 5e éd.

O. Lodge.
La vie et la matière. 2e édit.

John Lubbock.
Le bonheur de vivre. 2 vol. 11e éd.
L'emploi de la vie. 8e édit.

G. Lyon.
La philosophie de Hobbes.

E. Marguery.
L'œuvre d'art et l'évolution. 2e édit.

Mauxion.
L'éducation par l'instruction. 2e éd.
Nature et éléments de la moralité.

P. Mendousse.
Du dressage à l'éducation.

G. Milhaud.
Les conditions et les limites de la
certitude logique. 3e édit.
Le rationnel.

Mosso.
La peur. 4e éd.
La fatigue intellect. et phys. 6e éd.

E. Murisier.
Les mal. du sent. religieux. 3e éd.

A. Naville.
Nouvelle classif. des sciences. 2e éd.

Max Nordau.
Paradoxes psychologiques. 7e éd.
Paradoxes sociologiques. 6e édit.
Psycho-physiologie du génie. 5e éd.

Novicow.
L'avenir de la race blanche. 2e édit.

Ossip-Lourié.
Pensées de Tolstoï. 3e édit.
Philosophie de Tolstoï. 2e édit.
La philos. soc. dans le théât. d'Ibsen.
2e édit.
Nouvelles pensées de Tolstoï.
Le bonheur et l'intelligence.
Croyance religieuse et croyance
intellectuelle.

G. Palante.
Précis de sociologie. 5e édit.
La sensibilité individualiste.

D. Parodi.
Le problème moral et la pensée
contemporaine.

W. R. Paterson (Swift).
L'éternel conflit.

Paulhan.
Les phénomènes affectifs. 3e édit.
Psychologie de l'invention. 2e édit.
Analystes et esprits synthétiques.
La fonction de la mémoire.
La morale de l'ironie.
La logique de la contradiction.

Péladan.
La philosophie de Léonard de
Vinci.

J. Philippe.
L'image mentale.

**J. Philippe
et G. Paul-Boncour.**
Les anomalies mentales chez les
écoliers. 2e édit.
L'éducation des anormaux.

F. Pillon.
La philosophie de Charles Secrétan.

Ploger.
Le monde physique.

L. Proal.
L'éducation et le suicide des enfants.

Queyrat.
L'imagination chez l'enfant. 4e édit.
L'abstraction. 2e édit.
Les caractères et l'éducation morale.
4e éd.
La logique chez l'enfant. 4e éd.
Les jeux des enfants. 3e édit.
La curiosité.

G. Rageot.
Les savants et la philosophie.

P. Regnaud.
Précis de logique évolutionniste.
Comment naissent les mythes.

G. Renard.
Le régime socialiste. 6e édit.

A. Réville.
Divinité de Jésus-Christ. 4e éd.

A. Rey.
L'énergétique et le mécanisme.

Th. Ribot.
La philos. de Schopenhauer. 12e éd.
Les maladies de la mémoire. 22e éd.
Les maladies de la volonté. 27e éd.
Les mal. de la personnalité. 15e édit.
La psychologie de l'attention. 11e éd.
Problèmes de psychologie affective.

G. Richard.
Socialisme et science sociale. 3e éd.

Ch. Richet.
Psychologie générale. 8e éd.

De Roberty.
L'agnosticisme. 2e édit.
La recherche de l'unité.
Psychisme social.
Fondements de l'éthique.
Constitution de l'éthique.
Frédéric Nietzsche.

E. Roerich.
L'attention spontanée et volontaire.

J. Rogues de Fursac.
Mouvement mystique contemp.

Roisel.
De la substance.
L'idée spiritualiste. 2e édit.

Roussel-Despierres.
L'idéal esthétique.

Rzewuski.
L'optimisme de Schopenhauer.

Schopenhauer.
Le libre arbitre. 11e édition.
Le fondement de la morale. 11e éd.
Pensées et fragments. 25e édition.
Écrivains et style. 2e édit.
Sur la religion. 2e édit.
Philosophie et philosophes.
Éthique, droit et politique.
Métaphysique et esthétique.

Seillière.
Introduction à la philosophie de l'impérialisme.

P. Sollier.
Les phénomènes d'autoscopie.

P. Souriau.
La rêverie esthétique.

Herbert Spencer.
Classification des sciences. 9e édit.
L'individu contre l'État. 8e éd.
L'association en psychologie.

Stuart Mill.
Correspondance avec G. d'Eichthal.
Auguste Comte et la philosophie positive. 8e édition.
L'utilitarisme. 7e édition.

Sully Prudhomme.
Psychologie du libre arbitre. 2e éd.

Sully Prudhomme et Ch. Richet.
Le probl. des causes finales. 4e éd.

Tanon.
L'évol. du droit et la consc. soc. 3e éd.

Tarde.
La criminalité comparée. 7e éd.
Les transformations du droit. 7e éd.
Les lois sociales. 6e édit.

J. Taussat.
Le monisme et l'animisme.

Thamin.
Éducation et positivisme. 3e éd.

P.-F. Thomas.
La suggestion, son rôle. 5e édit.
Morale et éducation. 3e éd.

Wundt.
Hypnotisme et suggestion. 4e édit.

Zeller.
Christ. Baur et l'école de Tubingue.

Th. Ziegler.
La question sociale. 4e éd.

VOLUMES IN-8.

Brochés, à 3.75, 5, 7.50 et 10 fr.

Derniers volumes publiés :

V. Basch.
La poétique de Schiller. 2e éd.   7 fr. 50

H. Berr.
La synthèse en histoire.   5 fr.

R. Berthelot.
Un romantisme utilitaire. I.   7 fr. 50

V. Brochard.
Études de philos. anc. et mod.   10 fr.

L. Brunschvicg.
Les étapes de la philosophie mathématique.   10 fr.

B. Croce.
Philosophie de la pratique.   7 fr. 50

A. David.
Le modernisme bouddhiste.   5 fr.

G. Dromard.
Essai sur la sincérité.   5 fr.

L. Dugas.
L'éducation du caractère.   5 fr.

Dupré et Nathan.
Le langage musical.   3 fr. 75

E. Duprécl.
Le rapport social.   5 fr.

E. Durkheim.
Les formes élémentaires de la vie religieuse.   10 fr.

J. Finot.
Préjugé et problème des sexes. 3e édit.   5 fr.

A. Fouillée.
La pensée et les nouv. écoles anti-intellectualistes. 2e édit.   7 fr. 50

H. Höffding.
La pensée humaine.   7 fr. 50

L. Jeudon.
La morale de l'honneur.   5 fr.

F. Le Dantec.
Contre la métaphysique.   3 fr. 75

O. Lodge.
La survivance humaine.   5 fr.

A. Marceron.
La morale par l'État.   5 fr.

A. Ménard.
Psychologie de W. James. 7 fr. 50

Morton Prince.
Dissoc. d'une personnalité. 10 fr.

J. Novicow.
La morale et l'intérêt.   5 fr.

Ossip-Lourié.
Langage et verbomanie.   5 fr.

F. Pillon.
L'année philosophique, 22e année,
1911.   5 fr.

F. Rauh.
Études de morale.   10 fr.

Rémond et Voivenel.
Le génie littéraire.   5 fr.

E. Rignano.
Essais de synthèse scientifique. 5 fr.

F. Roussel-Despierres.
Hiérarchie des principes et des problèmes sociaux.   5 fr.

J. Segond.
La prière.   7 fr. 50

G. Simmel.
Mélanges de philosophie relati-
viste.   5 fr.

E. Tassy.
Le travail d'idéation.   5 fr.

E. Terraillon.
L'honneur.   5 fr.

H. Urtin.
L'action criminelle.   5 fr.

J. Wilbois.
Devoir et durée.   7 fr. 50

Ch. Adam.
La philosophie en France (première
moitié du xixe siècle). 7 fr. 50

Arréat.
Psychologie du peintre.   5 fr.

Dr L. Aubry.
La contagion du meurtre.   5 fr.

Alex. Bain.
La logique inductive et déductive.
5e édit. 2 vol.   20 fr.

J.-M. Baldwin.
Le développement mental chez
l'enfant et dans la race. 7 fr. 50

J. Bardoux.
Psychol. de l'Angleterre contemp.
(*les crises belliqueuses*). 7 fr. 50
Psychologie de l'Angleterre contemporaine (*les crises politiques*).
  5 fr.

Barthélemy Saint-Hilaire.
La philosophie dans ses rapports
avec les sciences et la religion. 5 fr.

Barzelotti.
La philosophie de H. Taine. 7 fr. 50

A. Bayet.
L'idée de bien.   3 fr. 75

Bazaillas.
Musique et inconscience.   5 fr.
La vie personnelle.   5 fr.

G. Belot.
Études de morale positive. 7 fr. 50

H. Bergson.
Essai sur les données immédiates
de la conscience. 10e édit. 3 fr. 75
Matière et mémoire. 8e édit. 5 fr.
L'évolution créatrice. 10e éd. 7 fr. 50

R. Berthelot.
Évolutionnisme et platonisme. 5 fr.

A. Bertrand.
L'enseignement intégral.   5 fr.
Les études dans la démocratie. 5 fr.

A. Binet.
Les révélations de l'écriture. 5 fr.

C. Bloch.
La philosophie de Newton. 10 fr.

J.-H. Boex-Borel.
(*J.-H. Rosny aîné*).
Le pluralisme.   5 fr.

Em. Boirac.
L'idée du phénomène.   5 fr.
La psychologie inconnue. 2e éd. 5 fr.

Bouglé.
Les idées égalitaires. 2e éd. 3 fr. 75
Essais sur le régime des castes. 5 fr.

L. Bourdeau.
Le problème de la mort. 4e éd. 5 fr.
Le problème de la vie.   7 fr. 50

Bourdon.
L'expression des émotions. 7 fr. 50

Em. Boutroux.
Études d'histoire de la philosophie.
2e édit.   7 fr. 50

Braunschvig.
Le sentiment du beau et le sentiment politique.   7 fr. 50

L. Bray.
Du beau.   5 fr.

Brochard.
De l'erreur. 2e éd.   5 fr.

R. Brugeilles.
Le droit et la sociologie. 3 fr. 75

L. Brunschvicg.
Spinoza. 2e édit.   3 fr. 75
La modalité du jugement.   5 fr.

L. Carrau.
Philosophie religieuse en Angleterre.   5 fr.

L. Cellérier.
Esquisse d'une science pédago-
gique.   7 fr. 50
Ch. Chabot.
Nature et moralité.   5 fr.
A. Chide.
Le mobilisme moderne.   5 fr.
Clay.
L'alternative. 2e éd.   10 fr.
Collins.
Résumé de la phil. de H. Spencer.
5e éd.   10 fr.
Cosentini.
La sociologie génétique.   3 fr. 75
A. Coste.
Principes d'une sociol. obj. 3 fr. 75
L'expérience des peuples.   10 fr.
C. Couturat.
Les principes des mathématiques.5f.
Crépieux-Jamin.
L'écriture et le caractère.5e éd. 7.50
A. Cresson.
Morale de la raison théorique. 5 fr.
E. de Cyon.
Dieu et science. 2e édit.   7 fr. 50
A. Darbon.
L'explication mécanique et le no-
minalisme.   3 fr. 75
Daurlac.
Essai sur l'esprit musical.   5 fr.
H. Delacroix.
Etudes d'histoire et de psychologie
du mysticisme.   10 fr.
Delbos.
Philos. pratique de Kant. 12 fr. 50
J. Delvaille.
La vie sociale et l'éducation. 3 fr.75
J. Delvolvé.
Religion, critique et philosophie
positive chez Bayle.   7 fr. 50
Draghicesco.
L'individu dans le déterminisme
social.   7 fr. 50
Le problème de la conscience.
3 fr. 75
J. Dubois.
Le problème pédagogique. 7 fr. 50
L. Dugas.
Le problème de l'éducat. 2e éd. 5fr.
G. Dumas.
St-Simon et Auguste Comte.   5 fr.
G.-L. Duprat.
L'instabilité mentale.   5 fr.
Duproix.
Kant et Fichte, 2e édit.   5 fr.
Durand (DE GROS).
Taxinomie générale.   5 fr.
Esthétique et morale.   5 fr.
Variétés philosophiques. 2e éd. 5 fr.

E. Durkheim.
De la div. du trav. soc. 3e éd. 7 fr. 50
Le suicide. 2e édit.   7 fr. 50
L'année sociologique. 10 volumes :
1re à 5e années. Chacune.   10 fr.
6e à 10e. Chacune.   12 fr. 50
Tome XI, 1906-1909.   15 fr.
V. Egger.
La parole intérieure. 2e éd.   5 fr.
Dwelshauvers.
La synthèse mentale.   5 fr.
H. Ebbinghaus.
Précis de psychologie. 2e édit. 5 fr.
A. Espinas.
La philosophie sociale au XVIIIe siè-
cle et la Révolution.   7 fr. 50
Enriques.
Les problèmes de la science et la
logique.   3 fr. 75
R. Eucken.
Les grands courants de la pensée
contemporaine.   10 fr.
F. Evellin.
La raison pure et les antinomies.5fr.
G. Ferrero.
Les lois psychologiques du sym-
bolisme.   5 fr.
Enrico Ferri.
La sociologie criminelle.   10 fr.
Louis Ferri.
La psychologie de l'association, de-
puis Hobbes.   7 fr. 50
J. Finot.
Le préjugé des races. 3e éd. 7 fr. 50
Philos. de la longévité. 12e éd. 5 fr.
Fonsegrive.
Le libre arbitre. 2e éd.   10 fr.
M. Foucault.
La psychophysique.   7 fr. 50
Le rêve.   5 fr.
Alf. Fouillée.
Liberté et déterminisme.5e éd.7fr.50
Critique des systèmes de morale
contemporains. 6e éd.   7 fr. 50
La morale, l'art et la religion, d'a-
près Guyau. 6e éd.   3 fr. 75
L'avenir de la métaphys. 2e éd. 5 fr.
Evolutionnisme des idées-forces.
4e éd.   7 fr. 50
La psychologie des idées-forces.
2e édit. 2 vol.   15 fr.
Tempérament et caractère. 3e éd.
7 fr. 50
Le mouvement idéaliste.2e éd.7fr.50
Le mouvement positiviste.2e éd.7.50
Psych.du peuple français.3e éd.7.50
La France au point de vue moral.
5e édit.   7 fr. 50
Esquisse psychologique des peu-
ples européens. 4e édit.   10 fr.
Nietzsche et l'immoralisme.2e éd.5f.

Le moralisme de Kant et l'amoralisme contemporain. 2e éd. 7 fr. 50
Éléments sociol. de la morale. 2e édit. 7 fr. 50
La morale des idées-forces, 7 fr. 50
Le socialisme et la sociologie réformiste. 7 fr. 50
La démocratie politique et sociale en France. 3 fr. 75

E. Fournière.
Théories social. au xixe siècle. 7 fr.50

G. Fulliquet.
L'obligation morale. 7 fr. 50

Garofalo.
La criminologie. 5e édit. 7 fr. 50
La superstition socialiste. 5 fr.

L. Gérard-Varet.
L'ignorance et l'irréflexion. 5 fr.

E. Gley.
Études de psycho-physiologie. 5 fr.

G. Gory.
L'immanence de la raison dans la connaissance sensible. 5 fr.

J.-J. Gourd.
Philosophie de la religion. 5 fr.

R. de la Grasserie.
De la psychologie des religions. 5 fr.

J. Grasset.
Demifous et demiresponsables. 5 fr.
Introduction physiologique à l'étude de la philosophie. 2e éd. 5 fr.

G. de Greef.
Le transformisme social. 2e éd. 7 fr.50
La sociologie économique. 3 fr. 75

K. Groos.
Les jeux des animaux. 7 fr. 50

Gurney, Myers et Podmore
Les hallucin. télépath. 4e éd. 7 fr. 50

Guyau.
La morale angl. cont. 6e éd. 7 fr. 50
Les problèmes de l'esthétique contemporaine. 7e éd. 5 fr.
Esquisse d'une morale sans obligation ni sanction. 9e éd. 5 fr.
L'irréligion de l'avenir. 16e éd. 7 fr.50
L'art au point de vue sociol. 9e éd. 7 fr. 50
Éducation et hérédité. 11e éd. 5 fr.

E. Halévy.
La form. du radicalisme philos.
I. *La jeunesse de Bentham.* 7 fr. 50
II. *Évol. de la doctr. utilitaire, 1789-1815.* 7 fr. 50
III. *Le radicalisme philos.* 7 fr. 50

O. Hamelin.
Le système de Descartes. 7 fr. 50

Hannequin.
L'hypoth. des atomes. 2e éd. 7 fr.50
Études d'histoire des sciences et d'histoire de la philosophie. 2 vol. 15 fr.

P. Hartenberg.
Les timides et la timidité. 3e éd. 5 fr.
Physionomie et caractère. 2e éd. 5 fr.

Hébert.
Évolut. de la foi catholique. 5 fr.
Le divin. 5 fr.

C. Hémon.
Philos. de Sully Prudhomme. 7 fr. 50

Hermant et Van de Waele
Les principales théories de la logique contemporaine. 5 fr.

G. Hirth.
Physiologie de l'art. 5 fr.

H. Höffding.
Esquisse d'une psychologie fondée sur l'expérience. 4e éd. 7 fr. 50
Hist. de la philos. moderne. 2e édit. 2 vol. 20 fr.
Philosophie de la religion. 7 fr. 50
Philosophes contemporains. 2e édit. 3 fr. 75

Hubert et Mauss.
Mélanges d'histoire des religions. 5 fr.

Ioteyko et Stefanowska.
Psycho-physiologie de la douleur. 5 fr.

Isambert.
Les idées socialistes en France (1815-1848). 7 fr. 50

Izoulet.
La cité moderne. 7e édit. 10 fr.

Jacoby.
La sélect. chez l'homme. 2e éd. 10 fr.

Paul Janet.
Œuvres philosophiques de Leibniz. 2e édition. 2 vol. 20 fr.

Pierre Janet.
L'automatisme psychol. 6e éd. 7 fr.50

J. Jastrow.
La subconscience. 7 fr. 50

J. Jaurès.
Réalité du monde sensible. 2e édit. 7 fr. 50

Karppe.
Études d'hist. de la philos. 3 fr. 75

A. Keim.
Helvétius. 10 fr.

P. Lacombe.
Individus et sociétés selon Taine. 7 fr. 50

A. Lalande.
La dissolution opposée à l'évolution. 7 fr. 50

Ch. Lalo.
Esthétique musicale scientifique. 5 fr.
L'esthétique expérim. cont. 3 fr. 75
Les sentiments esthétiques. 5 fr.

A. Landry.
Principes de morale rationnelle. 5 fr.

De Lanessan.
La morale naturelle. 10 fr.
La morale des religions. 10 fr.

P. Lapie.
Logique de la volonté. 7 fr. 50

Lauvrière.
Edgar Poë. Sa vie. Son œuvre. 10 fr.

E. de Laveleye.
De la propriété et de ses formes primitives. 5e édit. 10 fr.

M.-A. Leblond.
L déal du XIXe siècle. 5 fr.

Gustave Le Bon.
Psych. du socialisme. 7e éd. 7 fr. 50

G. Lechalas.
Études esthétiques. 5 fr.
Étude sur l'espace et le temps. 2e édition. 5 fr.

Lechartier.
David Hume, moraliste et sociologue. 5 fr.

Leclère.
Le droit d'affirmer. 5 fr.

F. Le Dantec.
L'unité dans l'être vivant. 7 fr. 50
Limites du connaissable. 3e édit. 3 fr. 75

Xavier Léon.
La philosophie de Fichte. 10 fr.

Leroy (E.-B.).
Le langage. 5 fr.

A. Lévy.
La philosophie de Feuerbach. 10 fr.

L. Lévy-Bruhl.
La philosophie de Jacobi. 5 fr.
Lettres de Stuart Mill à Comte. 10 fr.
La philos. d'Aug. Comte. 2e éd. 7 fr. 50
La morale et la science des mœurs. 4e éd. 5 fr.
Les fonctions mentales dans les sociétés inférieures. 2e éd. 7 fr. 50

Liard.
Science positive et métaphysique. 4e édit. 7 fr. 50
Descartes. 3e édit. 5 fr.

H. Lichtenberger.
Richard Wagner, poète et penseur. 5e édit. 10 fr.
Henri Heine penseur. 3 fr. 75

Lombroso.
La femme criminelle et la prostituée. 1 vol. avec planches. 15 fr.
Le crime polit. et les révol. 2 v. 15 f.
L'homme criminel. 3e édit. 2 vol., avec atlas. 36 fr.
Le crime. 2e éd. 10 fr.
L'homme de génie (avec planches). 4e édit. 10 fr.

E. Lubac.
Système de psychol. rationn. 3 fr. 75

G. Luquet.
Idées générales de psychol. 5 fr.

G. Lyon.
L'idéalisme en Angleterre au XVIIIe siècle. 7 fr. 50
Enseignement et religion. 3 fr. 75

P. Malapert.
Les éléments du caractère. 2e éd. 5 fr.

Marion.
La solidarité morale. 6e édit. 5 fr.

Fr. Martin.
La perception extérieure et la science positive. 5 fr.

A. Matagrin.
La psychologie sociale de Gabriel Tarde. 5 fr.

J. Maxwell.
Les phénomènes psych. 4e éd. 5 fr.

P. Mendousse.
L'âme de l'adolescent. 2e édit. 5 fr.

E. Meyerson.
Identité et réalité. 2e édit. 7 fr. 50

Max Muller.
Nouv. études de mythol. 12 fr 50

Myers.
La personnalité humaine. 3e éd. 7.50)

E. Naville.
La logique de l'hypothèse. 2e éd. 5 fr.
La définition de la philosophie. 5 fr.
Les philosophies négatives. 5 fr.
Le libre arbitre. 2e édition. 5 fr.
Les philosophies affirmatives. 7 fr. 50

J.-P. Nayrac.
L'attention. 3 fr. 75

Max Nordau.
Dégénérescence. 2 v. 7e éd. 17 fr. 50
Les mensonges conventionnels de notre civilisation. 10e éd. 5 fr.
Vus du dehors. 5 fr.
Le sens de l'histoire. 7 fr. 50

Novicow.
Luttes entre soc. humaines. 2e éd. 10 f.
Gaspillages des soc. mod. 2e éd. 5 fr.
Justice et expansion de la vie. 7 fr. 50
La critique du darwinisme social. 7 fr. 50

H. Oldenberg.
Le Bouddha. 2e éd. 7 fr. 50
La religion du Véda. 10 fr.

Ossip-Lourié.
La philosophie russe contemp. 5 fr.
Psychol. des romanciers russes au XIXe siècle. 7 fr. 50

Ouvré.
Form. littér. de la pensée grecq. 10 fr.

G. Palante.
Combat pour l'individu. 3 fr. 75

Fr. Paulhan.
Les caractères. 3e édition. 5 fr.
Les mensonges du caractère. 5 fr.
Le mensonge de l'art. 5 fr.

Payot.
L'éducation de la volonté. 36e éd. 5 fr.
La croyance. 3e éd. 5 fr.

Jean Pérès.
L'art et le réel. 3 f. 75

Bernard Perez.
Les trois premières années de l'enfant. 7e édit. 5 fr.
L'enfant de 3 à 7 ans. 4e éd. 5 fr.
L'éd. mor. dès le berceau. 4e éd. 5 fr.
L'éd. intell. dès le berceau. 2e éd. 5 fr.

C. Piat.
La personne humaine. 7 fr. 50
Destinée de l'homme. 2e édit. 5 fr.
La morale du bonheur. 5 fr.

Picavet.
Les idéologues. 10 fr.

Piderit.
La mimique et la physiognomonie, avec 95 fig. 5 fr.

Pillon.
L'année philos. 22 vol., chacun. 5 fr.

J. Ploger.
La vie et la pensée. 5 fr.
La vie sociale, la morale et le progrès. 5 fr.

L. Prat.
Le caractère empirique et la personne. 7 fr. 50

Preyer.
Éléments de physiologie. 5 fr.

L. Proal.
Le crime et la peine. 4e éd. 10 fr.
La criminalité politique. 2e éd. 5 fr.
Le crime et le suicide passionn. 10 f.

G. Rageot.
Le succès. 3 fr. 75

F. Rauh.
De la méthode dans la psychologie des sentiments. 2e éd. 5 fr.
L'expérience morale. 3 fr. 75

Récéjac.
La connaissance mystique. 5 fr.

G. Renard.
La méthode scientifique de l'histoire littéraire. 10 fr.

Renouvier.
Les dilem. de la métaph. pure. 5 fr.
Hist. et solut. des problèmes métaphysiques. 7 fr. 50
Le personnalisme. 10 fr.
Critique de la doctrine de Kant. 7.50
Science de la morale. Nouvelle édit. 2 vol. 15 fr.

G. Revault d'Allonnes.
Psychologie d'une religion. 6 fr.
Les inclinations. 3 fr. 75

A. Rey.
La théorie de la physique chez les physiciens contemp. 7 fr. 50

Ribéry.
Classification des caractères. 3 fr. 75

Th. Ribot.
L'hérédité psycholog. 9e éd. 7 fr. 50
La psychologie anglaise contemporaine. 3e éd. 7 fr. 50
La psychologie allemande contemporaine. 7e éd. 7 fr. 50
La psych. des sentim. 8e éd. 7 fr. 50
L'évol. des idées générales. 3e éd. 5 fr.
L'imagination créatrice. 3e éd. 5 fr.
Logique des sentiments. 4e éd. 3 f. 75
Essai sur les passions. 3e éd. 3 fr. 75

Ricardou.
De l'idéal. 5 fr.

G. Richard.
L'idée d'évolution dans la nature et dans l'histoire. 7 fr. 50

H. Riemann.
Elém. de l'esthétiq. musicale. 5 fr.

E. Rignano.
Transmissibilité des caractères acquis. 5 fr.

A. Rivaud.
Essence et existence chez Spinoza. 3 fr. 75

E. de Roberty.
Ancienne et nouvelle philos. 7 fr. 50
La philosophie du siècle. 5 fr.
Nouveau programme de sociol. 5 fr.
Sociologie de l'action. 3 fr. 75

G. Rodrigues.
Le problème de l'action. 3 fr. 75

Ed. Roehrich.
Philosophie de l'éducation. 5 fr.

F. Roussel-Despierres.
Liberté et beauté. 7 fr. 50

Romanes.
L'évol. ment. chez l'homme. 7 fr. 50

Russell.
La philosophie de Leibniz. 3 fr. 75

Ruyssen.
Évolut. psychol. du jugement. 5 fr.

A. Sabatier.
Philosophie de l'effort. 2e éd. 7 fr. 50

Émile Saigey.
La physique de Voltaire. 5 fr.

G. Saint-Paul.
Le langage intérieur. 5 fr.

E. Sanz y Escartin.
L'individu et la réforme sociale. 7.50

F. Schiller.
Etudes sur l'humanisme. 10 fr.

A. Schinz.
Anti-pragmatisme. 5 fr.

Schopenhauer.
Aphorismes sur la sagesse dans la vie. 9e éd. 5 fr.
Le monde comme volonté et représentation. 6e éd. 3 vol. 22 fr. 50

Séailles.
Ess. sur le génie dans l'art. 4e éd. 5 fr.
Philosoph. de Renouvier. 7 fr. 50

Sighele.
La foule criminelle. 2e édit. 5 fr.

Sollier.
Psychologie de l'idiot et de l'imbécile. 2e éd. 5 fr
Le problème de la mémoire. 3 fr. 75
Le mécanisme des émotions. 5 fr.
Le doute. 7 fr. 50

Souriau.
L'esthétique du mouvement. 5 fr.
La beauté rationnelle. 10 fr.
La suggestion dans l'art. 2e édit. 5 fr.

Spencer (Herbert).
Les premiers principes. 11e éd. 10 fr.
Principes de psychologie. 2 vol. 20 fr.
Princip. de biologie. 6e éd. 2 v. 20 fr.
Princip. de sociol. 5 vol. 43 fr. 75
   I. *Données de la sociologie*, 10 fr. — II. *Inductions de la sociologie. Relations domestiques*, 7 fr. 50. — III. *Institutions cérémonielles et politiques*, 15 fr. — IV. *Institutions ecclésiastiques*, 3 fr. 75. — V. *Institutions professionnelles*, 7 fr. 50.
Justice. 3e éd. 7 fr. 50
Rôle moral de la bienfaisance. 7.50
Morale des différents peuples. 7.50
Problèmes de morale et de sociologie. 2e éd. 7 fr. 50
Essais sur le progrès. 5e éd. 7 fr. 50
Essais de politique. 4e éd. 7 fr. 50
Essais scientifiques. 3e éd. 7 fr. 50
De l'éducation. 13e édit. 5 fr.
Une autobiographie. 10 fr.

P. Stapfer.
Questions esthétiques et religieuses 3 fr. 75

Stein.
La question sociale au point de vue philosophique. 10 fr.

Stuart Mill.
Mes mémoires. 5e éd. 5 fr.
Système de logique. 2 vol. 20 fr.
Essais sur la religion. 4e édit. 5 fr.
Lettres à Auguste Comte.

James Sully.
Le pessimisme. 2e éd. 7 fr. 50
Essai sur le rire. 7 fr. 50

Sully Prudhomme.
La vraie religion selon Pascal. 7 f. 50
Le lien social. 3 fr. 75

G. Tarde.
La logique sociale. 3e édit. 7 fr. 50
Les lois de l'imitation. 6e éd. 7 fr. 50
L'opinion et la foule. 3e édit. 5 fr.

P.-Félix Thomas.
L'éducation des sentiments. 5e éd. 5 fr.
Pierre Leroux, Sa philosophie. 5 fr.

P. Tisserand.
L'anthropologie de Maine de Biran. 10 fr.

Jean d'Udine.
L'art et le geste. 5 fr.

Et. Vacherot.
Essais de philosophie critique. 7 f. 50
La religion. 7 fr. 50

I. Waynbaum
La physionomie humaine. 5 fr.

L. Weber.
Vers le positivisme absolu par l'idéalisme. 7 fr. 50

BIBLIOTHÈQUE
D'HISTOIRE CONTEMPORAINE
Volumes in-16 et in-8

DERNIERS VOLUMES PUBLIÉS :

LE DIRECTOIRE ET LA PAIX DE L'EUROPE, DES TRAITÉS DE BALE A LA
  DEUXIÈME COALITION (1795-1799), par *R. Guyot*. 1 vol. in-8. . . 15 fr.
LE PORTUGAL ET SES COLONIES, par *A. Marvaud*. 1 vol. in-8. . . 5 fr.
L'ESPRIT PUBLIC EN ALLEMAGNE. VINGT ANS APRÈS BISMARCK, par
  H. Moysset. 1 vol. in-8. . . . . 5 fr.
AUSTERLITZ. LA FIN DU SAINT-EMPIRE (1804-1806). (*Napoléon et l'Europe*,
  II), par *E. Driault*. 1 vol. in-8. . . . . 7 fr.
LA POLITIQUE DOUANIÈRE DE LA FRANCE, par *Ch. Augier et A. Marvaud*.
  1 vol. in-8. . . . . 7 fr. 50
L'EFFORT ALLEMAND, par *L. Hubert*. 1 vol. in-16 . . . . . . 3 fr. 50
LA RENAISSANCE TCHÈQUE AU XIXᵉ SIÈCLE, par *L. Leger*. 1 v. in-16. 3 fr. 50
LA RESTAURATION DE L'EMPIRE ALLEMAND, par *A. de Ruville*. Traduit par
  P. Albin. 1 vol. in-8. . . . . 7 fr.
LES QUESTIONS ACTUELLES DE POLITIQUE ÉTRANGÈRE EN EUROPE, par
  *F. Charmes, A. Leroy-Beaulieu, R. Millet A. Ribot, A. Vandal, R. de
  Caix, R. Henry, G. Louis-Jaray, R. Pinon, A. Tardieu*. Nouvelle édi-
  tion refondue et mise à jour. 1 vol. in-16 avec 5 cartes hors texte. 3 fr. 50
LES QUESTIONS ACTUELLES DE POLITIQUE DANS L'AMÉRIQUE DU NORD, par
  A. Siegfried, P. de Rousiers, de Périgny, F. Roz, A. Tardieu. 1 vol.
  in-16 avec 5 cartes hors texte. . . . . 3 fr. 50
LA VIE POLITIQUE DANS LES DEUX MONDES, publiée sous la direction de
  A. Viallate et M. Caudel, avec la collaboration de professeurs et d'anciens
  élèves de l'Ecole des Sciences Politiques. 5ᵉ année, 1910-1911. 1 fort.
  vol. in-8. . . . . 10 fr.

Précédemment parus :

EUROPE

HIST. DIPLOMATIQUE DE L'EUROPE (1815-1878), par *Debidour*, 2 v. in-8. 18 fr.
LA QUESTION D'ORIENT, depuis ses origines jusqu'à nos jours, par
  E. Driault; préface de *G. Monod*. 1 vol. in-8. 5ᵉ édit. . . . . 7 fr.
LA CONFÉRENCE D'ALGÉSIRAS. *Histoire diplomatique de la crise maro-
  caine (janvier-avril 1906)*, par *A. Tardieu*. 3ᵉ édit. Revue et augmentée
  d'un appendice sur *Le Maroc après la conférence* (1906-1909). In-8. 10 fr.
LES GRANDS TRAITÉS POLITIQUES. *Recueil des principaux textes diplo-
  matiques depuis 1815 jusqu'à nos jours*, par *P. Albin*. Préface de
  Maurice Herbette. 1 vol. in-8 . . . . 10 fr.
L'EUROPE ET LA POLITIQUE BRITANNIQUE (1882-1911), par *E. Lémonon*.
  Préface de M. *Paul Deschanel*. 2ᵉ édit. 1 vol. in-8 . . . . . 10 fr.
LA POLITIQUE DE PIE X, par *Maurice Pernot*. 1 vol. in-16 . . . 3 fr. 50

FRANCE ET COLONIES

LA RÉVOLUTION FRANÇAISE, par *H. Carnot*. 1 vol. in-16. Nouv. éd. 3 fr. 50
LA THÉOPHILANTHROPIE ET LE CULTE DÉCADAIRE (1796-1801), par
  A. Mathiez. 1 vol. in-8. . . . . 12 fr.
CONTRIBUTIONS A L'HISTOIRE RELIGIEUSE DE LA RÉVOLUTION FRANÇAISE,
  par *le même*. 1 vol. in-16. . . . . 3 fr. 50
MÉMOIRES D'UN MINISTRE DU TRÉSOR PUBLIC (1789-1815), par le comte
  Mollien. Publié par *M. Gomel*. 3 vol. in-8. . . . . 15 fr.
CONDORCET ET LA RÉVOLUTION FRANÇAISE, par *L. Cahen*. 1 vol. in-8. 10 fr.
CAMBON ET LA RÉVOLUTION FRANÇAISE, par *F. Bornarel*. 1 vol. in-8. 7 fr.
LE CULTE DE LA RAISON ET LE CULTE DE L'ÊTRE SUPRÊME (1793-1794). Étude
  historique, par *A. Aulard*. 2ᵉ éd. 1 vol. in-16. . . . . . . 3 fr. 50
ÉTUDES ET LEÇONS SUR LA RÉVOLUTION FRANÇAISE, par *A. Aulard*. 6 vol.
  in-16. Chacun . . . . 3 fr. 50
HOMMES ET CHOSES DE LA RÉVOLUTION, par *Eug. Spuller*. 1 vol.
  in-16. . . . . 3 fr. 50
LES CAMPAGNES DES ARMÉES FRANÇAISES (1792-1815), par *C. Vallaux*.
  1 vol. in-16, avec 17 cartes. . . . . 8 fr. 50
LA POLITIQUE ORIENTALE DE NAPOLÉON (1806-1808), par *E. Driault*. 1 vol.
  in-8. . . . . 7 fr.
NAPOLÉON ET LA POLOGNE (1806-1807), par *Handelsman*. 1 vol. in-8. 5 fr.
DE WATERLOO A SAINTE-HÉLÈNE (20 juin-16 oct. 1815), par *J. Silvestre*,
  1 vol. in-16. . . . . 3 fr. 50

LE CONVENTIONNEL GOUJON, par *L. Thénard et R. Guyot*. 1 vol. in-8. 5 fr.
HISTOIRE DE DIX ANS (1830-1840), par *Louis Blanc*. 5 vol. in-8. Chacun. 5 fr.
ASSOCIATIONS ET SOCIÉTÉS SECRÈTES SOUS LA DEUXIÈME RÉPUBLIQUE (1848.
1851), par *J. Tchernoff*. 1 vol. in-8. . . . . 7 fr.
HISTOIRE DU SECOND EMPIRE, par *Taxile Delord*. 6 vol. in-8. Chac. 7 fr.
HISTOIRE DU PARTI RÉPUBLICAIN (1814-1870), par *G. Weill*. 1 v. in-8. 10 fr.
HISTOIRE DU MOUVEMENT SOCIAL (1852-1910), par *le même*. 1 v. in-8. 2ᵉ éd.
refondue . . . . 10 fr.
HISTOIRE DE LA TROISIÈME RÉPUBLIQUE, par *E. Zevort* : I. *Présidence de
M. Thiers*. 1 vol. in-8. 3ᵉ édit. 7 fr. — II. *Présidence du Maréchal.
(Épuisé)* — III. *Présidence de Jules Grévy*. 1 vol. in-8. 2ᵉ édi-
tion. 7 fr. — IV. *Présidence de Sadi-Carnot*. 1 vol. in-8. . . . 7 fr.
HISTOIRE DES RAPPORTS DE L'ÉGLISE ET DE L'ÉTAT EN FRANCE (1789-1870),
par *A. Debidour*. 2ᵉ édit. 1 vol. in-8 (*Couronné par l'Institut*). 12 fr.
L'ÉTAT ET LES ÉGLISES EN FRANCE, Des origines à la loi de séparation,
par *J.-L. de Lanessan*. 1 vol. in-16. . . . . 3 fr. 50
LA SOCIÉTÉ FRANÇAISE SOUS LA TROISIÈME RÉPUBLIQUE, par *Marius-Ary
Leblond*. 1 vol. in-8. . . . . 5 fr.
LA LIBERTÉ DE CONSCIENCE EN FRANCE (1595-1905), par *G. Bonet-Maury*.
1 vol. in-8, 2ᵉ édit. . . . . 5 fr.
LES CIVILISATIONS TUNISIENNES, par *P. Lapie*. 1 vol. in-16. . 3 fr. 50
LES COLONIES FRANÇAISES, par *P. Gaffarel*. 1 vol. in-8. 6ᵉ éd. . . 5 fr.
L'ŒUVRE DE LA FRANCE AU TONKIN, par *A. Gaisman*. 1 v. in-16. 3 fr. 50
LA FRANCE HORS DE FRANCE. *Notre émigration, sa nécessité, ses condi-
tions*, par *J.-B. Piolet*. 1 vol. in-8. . . . . 10 fr.
L'ALGÉRIE, par *M. Wahl*. 1 vol. in-8. 5ᵉ éd., revue par *A. Bernard*. 5 fr.
AU CONGO FRANÇAIS. *La question internationale du Congo*, par *F. Chal-
laye*. 1 vol. in-8. . . . . 5 fr.
LA FRANCE MODERNE ET LE PROBLÈME COLONIAL (1815-1830), par
Ch. Schefer. 1 vol. in-8. . . . . 7 fr.
L'ÉGLISE CATHOLIQUE ET L'ÉTAT EN FRANCE SOUS LA TROISIÈME RÉPU-
BLIQUE (1870-1906), par *A. Debidour*. Tome I. 1870-1889. 1 vol. in-8. 7 fr.
Tome II. 1889-1906. 1 vol. in-8 . . . . 10 fr.
L'ÉVEIL D'UN MONDE. *L'œuvre de la France en Afrique occidentale*, par
L. Hubert. 1 vol. in-16. . . . . 3 fr. 50
RÉGIONS ET PAYS DE FRANCE, par *Fèvre et Hauser*. 1 vol. in-8 ill. 7 fr.
NOTRE EMPIRE COLONIAL, par *H. Busson, J. Fèvre et H. Hauser*. 1 vol.
in-8 avec gravures et cartes. . . . . 5 fr.
NAPOLÉON ET LA CATALOGNE. *La Captivité de Barcelone (Février 1808-
Janvier 1810)*. 1 vol. in-8 avec une carte hors texte. (Prix Pezrat,
1910) . . . . 10 fr.
LA POLITIQUE EXTÉRIEURE DU PREMIER CONSUL (1800-1803). (*Napoléon
et l'Europe*, 1), par *E. Driault*. 1 vol. in-8. . . . . 7 fr.
LES OFFICIERS DE L'ARMÉE ROYALE ET LA RÉVOLUTION, par le Lieut.-
Colonel *Hartmann*. 1 vol. in-8 (*Couronné par l'Institut*). . . . 10 fr.
THOURET (1746-1794). *La vie et l'œuvre d'un constituant*, par *E. Lebègue*.
1 vol. in-8. . . . . 7 fr.
ESSAI POLITIQUE SUR ALEXIS DE TOCQUEVILLE, par *R. Pierre Marcel*.
1 vol. in-8 . . . . 7 fr.
HISTOIRE DU CATHOLICISME LIBÉRAL EN FRANCE (1828-1908), par *G. Weill*.
1 vol. in-16. . . . . 3 fr. 50

ALLEMAGNE

LE GRAND-DUCHÉ DE BERG (1806-1813), par *Ch. Schmidt*. 1 vol. in-8. 10 fr.
HISTOIRE DE LA PRUSSE, de la mort de Frédéric II à la bataille de Sadowa,
par *E. Véron*. 1 vol. in-18. 6ᵉ éd. . . . . 3 fr. 50
LES ORIGINES DU SOCIALISME D'ÉTAT EN ALLEMAGNE, par *Ch. Andler*. 2ᵉ édit.
In-8. . . . . 7 fr.
L'ALLEMAGNE NOUVELLE ET SES HISTORIENS (*Niebuhr, Ranke, Mommsen,
Sybel, Treitschke*), par *A. Guilland*. 1 vol. in-8 . . . . . . 5 fr.
LA DÉMOCRATIE SOCIALISTE ALLEMANDE, par *E. Milhaud*. 1 vol. in-8. 10 fr.
LA PRUSSE ET LA RÉVOLUTION DE 1848, par *P. Matter*. 1 v. in-16. 3 fr. 50
BISMARCK ET SON TEMPS, par *le même*. 3 vol in-8, chacun. 10 fr. — I. *La
préparation (1815-1862)*. — II. *L'action (1863-1870)*. — III. *Le triomphe
et le déclin (1870-1896)*. (*Ouvrage couronné par l'Institut*).

ANGLETERRE

L'EUROPE ET LA POLITIQUE BRITANNIQUE (1882-1911), par *E. Lémonon*. Préface de M. *Paul Deschanel.* 2ᵉ édit. 1 vol. in-8 . . . . . . 10 fr.
HISTOIRE CONTEMPORAINE DE L'ANGLETERRE, depuis la mort de la reine Anne jusqu'à nos jours, par *H. Reynald.* 1 vol. in-16. 2ᵉ éd. 3 fr. 50
A TRAVERS L'ANGLETERRE CONTEMPORAINE, par *J. Mantoux.* 1 vol. in-16. Préface de G. MONOD, de l'Institut. 1 vol. in-16. . . . . . . 3 fr. 50

AUTRICHE-HONGRIE

LES TCHÈQUES ET LA BOHÉME CONTEMPORAINE, par *Bourlier*, in-16. 3 fr. 50
LE PAYS MAGYAR, par *R. Recouly,* 1 vol. in-16. . . . . . . 3 fr. 50
LA HONGRIE RURALE, SOCIALE ET POLITIQUE, par le *Comte J. de Mailath.*
LA QUESTION SOCIALE ET LE SOCIALISME EN HONGRIE, par *G.-Louis Jaray.* 1 vol. in-8 avec 5 cartes hors texte . . . . 7 fr.

ESPAGNE

HISTOIRE DE L'ESPAGNE, depuis la mort de Charles III jusqu'à nos jours, par *H. Reynald.* 1 vol. in-16 . . . . 3 fr. 50
LA QUESTION SOCIALE EN ESPAGNE, par *Angel Marvaud.* 1 vol. in-8. 7 fr.

GRÈCE et TURQUIE

LA TURQUIE ET L'HELLÉNISME CONTEMPORAIN, par *V. Bérard.* 1 vol. in-16. 6ᵉ éd. (*Ouvrage couronné par l'Académie française*) . . . . 3 fr. 50
BONAPARTE ET LES ILES IONIENNES (1797-1816), par *E. Rodocanachi.* 1 vol. in-8 . . . . 5 fr.

ITALIE

HISTOIRE DE L'UNITÉ ITALIENNE (1814-1871), *Bolton King.* 2 v. in-8. 15 fr.
BONAPARTE ET LES RÉPUBLIQUES ITALIENNES (1796-1799), par *P. Gaffarel.* 1 vol. in-8 . . . . 5 fr.
NAPOLÉON EN ITALIE (1800-1812), par *J.-E. Driault.* 1 vol. in-8. 10 fr.

SUISSE

HISTOIRE DU PEUPLE SUISSE, par *Daenaliker.* In-8. . . . . 5 fr.

ROUMANIE

HISTOIRE DE LA ROUMANIE CONTEMP. (1822-1900), par *Damé.* In-8. 7 fr.

AMÉRIQUE

HISTOIRE DE L'AMÉRIQUE DU SUD, par *Alf. Deberle.* In-16. 3ᵉ éd. 3 fr. 50
L'INDUSTRIE AMÉRICAINE, par *A. Viallate*, professeur à l'Ecole des Sciences politiques. 1 vol. in-8 . . . . 10 fr.

CHINE-JAPON

HISTOIRE DES RELATIONS DE LA CHINE AVEC LES PUISSANCES OCCIDENTALES (1861-1902), par *H. Cordier*, de l'Instit. 3 vol. in-8, avec cartes. 30 fr.
L'EXPÉDITION DE CHINE DE 1857-58, par *le même.* 1 vol. in-8. . . 7 fr.
L'EXPÉDITION DE CHINE DE 1860, par *le même.* 1 vol. in-8 . . . . 7 fr.
EN CHINE. *Mœurs et institutions.* par *M. Courant.* 1 vol. in-16. 3 fr. 50
LE DRAME CHINOIS, par *Marcel Monnier.* 1 vol. in-16. . . . 2 fr. 50
LE PROTESTANTISME AU JAPON (1859-1907), par *R. Allier.* In-16. 3 fr. 50
LA QUESTION D'EXTRÊME-ORIENT, par *E. Driault.* 1 vol. in-8. . . 7 fr.
LES QUESTIONS ACTUELLES DE POLITIQUE ÉTRANGÈRE EN ASIE, par MM. le *Baron de Courcel, P. Deschanel, P. Doumer, E. Etienne, le Général Lebon, Victor Bérard, R. de Caix, M. Revon, Jean Rodes, le Dʳ Rouire.* 1 vol. in-16 avec 4 cartes hors texte . . . . 3 fr. 50
LA CHINE NOUVELLE, par *Jean Rodes.* 1 vol. in-16 . . . . 3 fr. 50

ÉGYPTE

LA TRANSFORMATION DE L'ÉGYPTE, par *Alb. Métin.* 1 vol. in-16. 3 fr. 50

INDE

L'INDE CONTEMP. ET LE MOUVEMENT NATIONAL, par *E. Piriou.* In-16. 3 fr. 50

QUESTIONS POLITIQUES ET SOCIALES

LE VANDALISME RÉVOLUTIONNAIRE, par *E. Despois.* 1 vol. in-16. 4ᵉ éd. 3 fr. 50
PROBLÈMES POLITIQUES ET SOCIAUX, par *E. Driault.* 2ᵉ éd. 1 vol. in-8. 7 fr.
VUE GÉNÉRALE DE L'HISTOIRE DE LA CIVILISATION, par *le même.* 2 vol. in-16, illustrés. 3ᵉ édit. (*Récompensé par l'Institut*). . . . . . 7 fr.
LE MONDE ACTUEL, par *le même. Tableau politique et économique.* 1 v. in-8. . . . . 7 fr.

LES MAITRES DE LA MUSIQUE

ÉTUDES D'HISTOIRE ET D'ESTHÉTIQUE

Publiées sous la direction de M. JEAN CHANTAVOINE

Collection honorée d'une souscription du Ministère des Beaux-Arts

Chaque volume in-8 de 250 pages environ, 3 fr. 50

Liste par ordre de publication :

BIBLIOTHÈQUE GÉNÉRALE
DES SCIENCES SOCIALES

Secrétaire de la rédaction. DICK MAY, Secrét. gén. de l'Éc. des Hautes Études sociales.
Volumes in-8 carré de 300 pages environ, cart. à l'anglaise.
Chaque volume, 6 fr.

—————

Derniers volumes publiés :

J.-J. Rousseau, par MM. A. CAHEN, D. MORNET, GASTINEL, V. DELBOS, BENRUBI, F. BALDENSPERGER, DWELSHAUVERS, VIAL, BEAULAVON, G. BELOT, C. BOUGLÉ, D. PARODI. Préface de M. LANSON, professeur à la Sorbonne.

Les œuvres péri-scolaires, par MM. le Dʳ CALMETTE, le Dʳ P. GALLOIS, le Dʳ DE PRADEL, G. BERTIER, le Dʳ E. PETIT, T. COUDIROLLE, le Dʳ RÉGNIER, le Dʳ CAYLA, L. BOUGIER, le Dʳ P. LE GENDRE, le Dʳ DOLÉRIS.

La lutte scolaire en France au dix-neuvième siècle par MM. F. BUISSON, L. CAHEN, A. DESSOYE, E. FOURNIÈRE, C. LATREILLE, R. LEBEY, ROGER LÉVY, CH. SEIGNOBOS, CH. SCHMIDT, J. TCHERNOFF, E. TOUTEY et J. LETACONNOUX.

Neutralité et monopole de l'enseignement, suivi de *L'État actuel de l'enseignement du latin*, par MM. V. BASCH, E. BLUM, A. CROISET, G. LANSON, D. PARODI, TH. REINACH, F. LÉVY-WOGUE et R. PICHON.

La séparation de l'Église et de l'État, par J. DE NARFON.

L'enseignement du français, par H. BOURGIN, A. CROISET, P. CROUZET, M. LACABE-PLASTEIG, G. LANSON, CH. MAQUET, J. PRETTRE, G. RUDLER, A. WEIL.

La dépopulation de la France, par le Dʳ J. BERTILLON, chef des travaux statistiques de la Ville de Paris.

————————

L'individualisation de la peine, par R. SALEILLES, prof. à la Faculté de droit de l'Univ. de Paris, et G. MORIN, doc. 2ᵉ édition.

L'idéalisme social, par EUGÈNE FOURNIÈRE, 2ᵉ édit.

Ouvriers du temps passé (xvᵉ et xviᵉ siècles), par H. HAUSER, professeur à l'Université de Dijon, 3ᵉ édition.

Les transformations du pouvoir, par G. TARDE, 2ᵉ édit.

Morale sociale, par MM. G. BELOT, MARCEL BERNÈS, BRUNSCHVICG, F. BUISSON, DARLU, DAURIAC, DELBET, CH. GIDE, M. KOVALEVSKY, MALAPERT, le R. P. MAUMUS, DE ROBERTY, G. SOREL, le PASTEUR WAGNER. Préface de M. ÉMILE BOUTROUX, de l'Institut. 2ᵉ édit.

Les enquêtes, *pratique et théorie*, par P. DU MAROUSSEM.

Questions de morale, par MM. BELOT, BERNÈS, F. BUISSON, A. CROISET, DARLU, DELBOS, FOURNIÈRE, MALAPERT, MOCH, D. PARODI, G. SOREL. 2ᵉ édit.

Le développement du catholicisme social, depuis l'encyclique *Rerum Novarum*, par MAX TURMANN. 2ᵉ édit.

Le socialisme sans doctrines, par A. MÉTIN. 2ᵉ édit.

L'éducation morale dans l'Université, par MM. LÉVY-BRUHL, DARLU, M. BERNÈS, KORTZ, ROCAFORT, BIOCHE, Ph. GIDEL, MALAPERT, BELOT.

La méthode historique appliquée aux sciences sociales, par CH. SEIGNOBOS, professeur à l'Univ. de Paris. 2ᵉ édit.

Assistance sociale. *Pauvres et mendiants,* par PAUL STRAUSS.

L'hygiène sociale, par E. DUCLAUX, de l'Institut,

Essai d'une philosophie de la solidarité, par MM. DARLU, RAUH, F. BUISSON, GIDE, X. LÉON, LA FONTAINE, E. BOUTROUX.

L'éducation de la démocratie, par MM. E. LAVISSE, A. CROISET, SEIGNOBOS, MALAPERT, LANSON, HADAMARD. 2ᵉ édit.

L'exode rural et le retour aux champs, par VANDERVELDE. 2ᵉ édit.

La lutte pour l'existence et l'évolution des sociétés, par J.-L. DE LANESSAN, ancien ministre.

La concurrence sociale et les devoirs sociaux, par LE MÊME.

La démocratie devant la science, par C. BOUGLÉ, chargé de cours à l'Université de Paris. 2ᵉ édit. revue

L'individualisme anarchiste. *Max Stirner,* par V. BASCH, chargé de cours à l'Université de Paris.

Les applications sociales de la solidarité, par MM. P. BUDIN, CH. GIDE, H. MONOD, PAULET, ROBIN, SIEGFRIED, BROUARDEL.

La paix et l'enseignement pacifiste, par MM. FR. PASSY, CH. RICHET, d'ESTOURNELLES DE CONSTANT, E. BOURGEOIS, A. WEISS, H. LA FONTAINE, G. LYON.

Études sur la philosophie morale au XIXᵉ siècle, par MM. BELOT, A. DARLU, M. BERNÈS, A. LANDRY, CH. GIDE, E. ROBERTY, R. ALLIER, H. LICHTENBERGER, L. BRUNSCHVICG.

Enseignement et démocratie, par MM. A. CROISET, DEVINAT, BOITEL, MILLERAND, APPELL, SEIGNOBOS, LANSON, CH.-V. LANGLOIS.

Religions et sociétés, par MM. TH. REINACH, A. PUECH, R. ALLIER, A. LEROY-BEAULIEU, LE Bᵒⁿ CARRA DE VAUX, H. DREYFUS.

Essais socialistes, *La religion; L'alcoolisme, L.* t, par E. VANDERVELDE, professeur à l'Université nouvelle de Bruxelles.

Le surpeuplement et les habitations à bon marché, par H. TUROT et H. BELLAMY.

L'individu, l'association et l'État, par E. FOURNIÈRE.

Les trusts et les syndicats de producteurs, par J. CHASTIN.

Le droit de grève, par MM. CH. GIDE, H. BERTHÉLEMY, P. BUREAU, A. KEUFER, C. PERREAU, CH. PICQUENARD, A.-E. SAY, F. FAGNOT, E. VANDERVELDE.

Morales et religions, par MM. G. BELOT, L. DORISON, AD. LOD, A. CROISET, W. MONOD, E. DE FAYE, A. PUECH, le baron CARRA DE VAUX, E. EHRARDT, H. ALLIER, F. CHALLAYE.

La nation armée, par MM. le général BAZAINE-HAYTER, C. BOUGLÉ, E. BOURGEOIS, Cᵈᵉ BOURGUET, E. BOUTROUX, A. CROISET, G. DEMENY, G. LANSON, L. PINEAU, Cᵈᵉ POTEZ, F. RAUH.

La criminalité dans l'adolescence, par G.-L. DUPRAT. (*Couronné par l'Institut*).

Médecine et pédagogie, par MM. le Dʳ ALBERT MATHIEU, le Dʳ GILLET, le Dʳ S. MÉRY, P. MALAPERT, le Dʳ LUCIEN BUTTE, le Dʳ PIERRE RÉGNIER, le Dʳ L. DUFESTEL, le Dʳ LOUIS GUINON, le Dʳ NOBÉCOURT. Préface de M. le Dʳ E. MOSNY.

La lutte contre le crime, par J.-L. DE LANESSAN.

La Belgique et le Congo, par E. VANDERVELDE.

BIBLIOTHÈQUE UTILE

Élégants volumes in-32 de 192 pages chacun.
*Chaque volume broché, **60** cent.*

DERNIERS VOLUMES PARUS :

Henneguy. Histoire de l'Italie depuis 1815 jusqu'au cinquantenaire de l'unité italienne. (1911). 2e édition.

Regnard. Histoire contemporaine de l'Angleterre depuis 1815 jusqu'à l'avènement de Georges V. 2e édition.

Collas et Driault. Histoire de l'Empire ottoman *jusqu'à la Révolution de 1909.*

Eisenmenger (G.). Les Tremblements de Terre, avec gravures.

Faque. L'Indo-Chine française. *Cochinchine, Cambodge, Annam, Tonkin.* 2e édition, mise à jour jusqu'en 1910.

Yves Guyot. Les Préjugés économiques.

Acloque (A.). Les insectes nuisibles, ravages, moyens de destruction (avec fig.).

Amigues (E.). A travers le ciel.

Bastide. Les guerres de la Réforme. 5e édit.

Beauregard (H.). Zoologie générale (avec fig.).

Bellet. (D.). Les grands ports maritimes de commerce (avec fig.).

Bère. Histoire de l'armée française.

Berget (Adrien.) La viticulture nouvelle. (*Manuel du vigneron.*) 3e éd.

— La pratique des vins. 2e éd. (*Guide du récoltant*).

— Les vins de France. (*Manuel du consommateur.*)

Blerzy. Torrents, fleuves et canaux de la France. 3e édit.

— Les colonies anglaises. 2e édit.

Boillot. Les entretiens de Fontenelle sur la pluralité des mondes.

Bondois. (P.). L'Europe contemporaine (1789-1879). 2e édit.

Bouant. Les principaux faits de la chimie (avec fig.).

— Hist. de l'eau (avec fig.).

Brothier. Histoire de la terre. 9e éd.

Buchez. Histoire de la formation de la nationalité française.
I. *Les Mérovingiens.* 6e éd. 1 v.
II. *Les Carlovingiens.* 2e éd. 1 v.

Carnot. Révolution française. 8e éd.
I. *Période de création,* 1789-1792.
II. *Période de défense,* 1792-1804.

Catalan. Notions d'astronomie. 6e édit. (avec fig.).

Collas et Driault. Histoire de l'empire ottoman jusqu'à la révolution de 1909. 4e édit.

Collier. Premiers principes des beaux-arts (avec fig.).

Combes (L.). La Grèce ancienne. 4e édit.

Coste (A.). La richesse et le bonheur.

— Alcoolisme ou épargne. 6e édit.

Coupin (H.). La vie dans les mers (avec fig.).

Creighton. Histoire romaine.

Cruveilhier. Hygiène générale. 9e éd.

Debidour (A.) Histoire des rapports de l'Eglise et de l'Etat en France (1789-1871). Abrégé par Dubois et Sarthou.

Despois (Eug.). Révolution d'Angleterre. (1603-1688). 4e édit.

Doneaud (Alfred). Histoire de la marine française. 4e édit.

— Histoire contemporaine de la Prusse. 2e édit.

Dufour. Petit dictionnaire des falsifications. 4e édit.

Eisenmenger. (G.). Les tremblements de terre.

Enfantin. La vie éternelle, passée, présente, future. 6e éd.

Faque (L.). L'Indo-Chine française. 2e éd. mise à jour jusqu'en 1910.

Ferrière. Le darwinisme. 9e éd.

Gaffarel (Paul). Les frontières françaises et leur défense. 2e édit.

Gastineau (B.). Les génies de la science et de l'industrie. 3e éd.

Geikie. La géologie (avec fig.). 5e éd.

Genevoix (F.). Les procédés industriels.
— Les Matières premières.
Gérardin. Botanique générale (avec fig.).
Girard de Rialle. Les peuples de l'Asie et de l'Europe.
Gossin (H.). La machine à vapeur. Histoire — emploi. (avec fig.)
Grove. Continents et océans, avec fig. 3e éd.
Guyot (Yves). Les préjugés économiques.
Henneguy. Histoire de l'Italie depuis 1815 jusqu'au cinquantenaire de l'Unité Italienne (1911). 2e édit.
Huxley. Premières notions sur les sciences. 5e édit.
Jevons (Stanley). L'économie politique. 10e édit.
Jouan. Les îles du Pacifique.
— La chasse et la pêche des animaux marins.
Jourdan (J.). La justice criminelle en France. 2e édit.
Jourdy. Le patriotisme à l'école. 3e édit.
Larbalétrier (A.). L'agriculture française (avec fig.).
— Les plantes d'appartement, de fenêtres et de balcons (avec fig.).
Larivière (Ch. de). Les origines de la guerre de 1870.
Larrivé. L'assistance publique en France.
Laumonier (Dr J.). L'hygiène de la cuisine.
Leneveux. Le budget du foyer. Économie domestique. 3e édit.
— Le travail manuel en France. 2e édit.
Lévy (Albert). Histoire de l'air (avec fig.). 3e édit.
Look (F.). Jeanne d'Arc (1429-1431). 3e édit.
— Histoire de la Restauration. 5e édit.
Mahaffy. L'antiquité grecque (avec fig.).
Maigne. Les mines de la France et de ses colonies.
Mayer (G.). Les chemins de fer (avec fig.).
Merklen (P.). La Tuberculose; son traitement hygiénique.
Meunier (G.). Histoire de la littérature française. 4e éd.
— Histoire de l'art ancien, moderne et contemporain (avec fig.).

Mongredien. Histoire du libre-échange en Angleterre.
Monin. Les maladies épidémiques. Hygiène et prévention (avec fig.).
Morin. Résumé populaire du code civil, 6e édit., avec un appendice sur *la loi des accidents du travail* et la *loi des associations*.
Noël (Eugène). Voltaire et Rousseau. 5e édit.
Ott (A.). L'Asie occidentale et l'Egypte. 2e édit.
Paulhan (F.). La physiologie de l'esprit. 5e édit. (avec fig.)
Paul Louis. Les lois ouvrières dans les deux mondes.
Petit. Economie rurale et agricole.
Pichat (L.). L'art et les artistes en France. (*Architectes, peintres et sculpteurs.*) 5e édit.
Quesnel. Histoire de la conquête de l'Algérie.
Raymond (E.). L'Espagne et le Portugal. 3e édit.
Regnard. Histoire contemporaine de l'Angleterre depuis 1815 jusqu'à l'avènement de Georges V. 2e édit.
Renard (G.). L'homme est-il libre? 6e édit.
Robinet. La philosophie positive. A. Comte et P. Laffitte. 6e éd.
Rolland (Ch.). Histoire de la maison d'Autriche. 3e édit.
Sérieux et Mathieu. L'Alcool et l'alcoolisme. 4e édit.
Spencer (Herbert). De l'éducation. 14e édit.
Turok. Médecine populaire. 7e édit.
Vaillant. Petite chimie de l'agriculteur.
Zaborowski. L'origine du langage. 7e édit.
— Les migrations des animaux. 4e édit.
— Les grands singes. 3e édit.
— Les mondes disparus (avec fig.) 4e édit.
— L'homme préhistorique. 7e édit. (avec fig.)
Zevort (Edg.). Histoire de Louis-Philippe. 4e édit.
Zurcher (F.). Les phénomènes de l'atmosphère. 8e édit.
Zurcher et Margollé. Télescope et microscope. 3e édit.
— Les phénomènes célestes. 2e éd.

BIBLIOTHÈQUE SCIENTIFIQUE
INTERNATIONALE

Volumes in-8, cartonnés à l'anglaise.

Derniers volumes publiés :

ANDRADE (J.). **Le mouvement, illustré.** 6 fr.
GYON (E. de). **L'oreille, illustré.** 6 fr.
PEARSON (K.). **La grammaire de la science** (*La Phy-sique*). 9 fr.

Précédemment parus :

Sauf indication spéciale, tous ces volumes se vendent 6 francs.

ANGOT. **Les aurores polaires, illustré.**
ARLOING. **Les virus, illustré.**
BAGEHOT. **Lois scientifiques du développement des nations,** 7ᵉ édition.
BAIN (ALEX.). **L'esprit et le corps, 7ᵉ édition.**
— **La science de l'éducation, 11ᵉ édition.**
BENEDEN (VAN). **Les commensaux et les parasites dans le** règne animal, 4ᵉ édition, illustré.
BERNSTEIN. **Les sens, 5ᵉ édition, illustré.**
BERTHELOT, de l'Institut. **La synthèse chimique, 10ᵉ éd.**
— **La révolution chimique, Lavoisier, ill., 2ᵉ édition.**
BINET. **Les altérations de la personnalité, 2ᵉ édition.**
BINET et FÉRÉ. **Le magnétisme animal, 5ᵉ éd., illustré.**
BOURDEAU (L.). **Histoire du vêtement et de la parure.**
BRUNACHE. **Au centre de l'Afrique ; autour du Tchad, ill.**
CANDOLLE (A. de). **Origine des plantes cultivées, 4ᵉ édit.**
CARTAILHAC. **La France préhistorique, 2ᵉ éd., illustré.**
CHARLTON BASTIAN. **Le cerveau et la pensée, 2ᵉ éd., 2 vol.** illustrés.
— **L'évolution de la vie, avec figures dans le texte et** 12 planches hors texte.
COLAJANNI. **Latins et Anglo-Saxons.** 9 fr.
CONSTANTIN (Cᵗ). **Le rôle sociologique de la guerre et le sen-**timent national.
COOKE et BERKELEY. **Les champignons, 4ᵉ éd., illustré.**
COSTANTIN (J.). **Les végétaux et les milieux cosmiques** (*Adaptation, évolution*), illustré.
— **La nature tropicale, illustré.**
— **Le transformisme appliqué à l'agriculture, illustré.**
CUÉNOT (L.). **La genèse des espèces animales.** (*Cour. par* l'Acad. des sciences.) Illustré. 12 fr.
DAUBRÉE, de l'Institut. **Les régions invisibles du globe et** des espaces célestes, 2ᵉ édition, illustré.
DEMENY (G.). **Les bases scientifiques de l'éducation physique,** 5ᵉ éd., illustré.
— **Mécanisme et éducation des mouvements, 4ᵉ éd. 9 fr.**
DEMOOR, MASSART et VANDERVELDE. **L'évolution régres-**sive en biologie et en sociologie, illustré.
DRAPER. **Les conflits de la science et de la religion. 12ᵉ éd.**

DUMONT (Léon). **Théorie scientifique de la sensibilité**, 4e éd.
GELLE (E.-M.). **L'audition et ses organes**, illustré.
GRASSET (J.). **Les maladies de l'orientation et de l'équilibre**, illustré.
GROSSE (E.). **Les débuts de l'art**, illustré.
GUIGNET (E.) et E. GARNIER. **La céramique ancienne et moderne**, illustré.
HERBERT SPENCER. **Introduction à la science sociale**, 14e éd.
— **Les bases de la morale évolutionniste**, 7e édition.
HUXLEY (Th.-H.). **L'écrevisse**, 2e édition, illustré.
JACCARD. **Le pétrole, le bitume et l'asphalte**, illustré.
JAVAL. **Physiologie de la lecture et de l'écriture**, 2e éd. illustré.
LAGRANGE (F.). **Physiologie des exercices du corps**, 10e éd.
LALOY. **Parasitisme et mutualisme dans la nature**, ill.
LANESSAN (de). **Principes de colonisation**.
LE DANTEC. **Théorie nouvelle de la vie**, 4e éd., illustré.
— **Évolution individuelle et hérédité**.
— **Les lois naturelles**, illustré.
— **La stabilité de la vie**.   6 fr.
LOEB. **La dynamique des phénomènes de la vie**, ill.   9 fr.
LUBBOCK. **Les sens et l'instinct chez les animaux**, ill.
MALMÉJAC. **L'eau dans l'alimentation**, illustré.
MAUDSLEY. **Le crime et la folie**, 7e édition.
MEUNIER (Stanislas). **La géologie comparée**, illustré.
— **Géologie expérimentale**, 2e éd., illustré.
— **La géologie générale**, 2e édit., illustré.
MEYER (de). **Les organes de la parole**, illustré.
MORTILLET (G. de). **Formation de la nation française**, 2e édition, illustré.
NIEWENGLOWSKI. **La photographie et la photochimie**, illust.
NORMAN LOCKYER. **L'évolution inorganique**, illustré.
PERRIER (Ed.), de l'Institut. **La philosophie zoologique avant Darwin**, 3e édition.
PETTIGREW. **La locomotion chez les animaux**, 2e éd., ill.
QUATREFAGES (A. de . **L'espèce humaine**, 15e édition.
— **Darwin et ses précurseurs français**, 2e édition.
— **Les émules de Darwin**, 2 vol.
RICHET (Ch.). **La chaleur animale**, illustré.
ROCHÉ. **La culture des mers en Europe**, illustré.
ROUBINOVITCH (Dr J.). **Aliénés et anormaux.** *(Cour. par l'Acad. de Médecine).* Illustré.   6 fr.
SCHMIDT. **Les mammifères dans leurs rapports avec leurs ancêtres géologiques**, illustré.
SCHUTZENBERGER, de l'Institut. **Les fermentations**, 6e édit. illustré.
SECCHI (Le Père). **Les étoiles**, 3e édit., 2 vol. illustrés.
STALLO. **La matière et la physique moderne**, 3e édition.
STARCKE. **La famille primitive**.
STEWART (Balfour). **La conservation de l'énergie**, 6e éd.
THURSTON. **Histoire de la machine à vapeur**, 3e éd., 2 vol.
TOPINARD. **L'homme dans la nature**, illustré.
VRIES (Hugo de). **Espèces et variétés**, 1 vol.   12 fr.
WURTZ, de l'Institut. **La théorie atomique**, 8e édition.

NOUVELLE COLLECTION SCIENTIFIQUE

DIRECTEUR : ÉMILE BOREL, professeur à la Sorbonne.

VOLUMES IN-16 A 3 FR. 50 L'UN

Derniers volumes publiés.

Le Maroc physique, par GENTIL, prof. adjoint à la Sorbonne, 1 vol. in-16 avec cartes. . . . . 3 fr. 50

Science et philosophie, par J. TANNERY, de l'Institut, avec une notice par E. BOREL. 1 vol. in-16. . . . . 3 fr. 50

Le transformisme et l'expérience, par E. RABAUD, maître de conférences à la Sorbonne. 1 vol. in-16, avec gravures. . . . . 3 fr. 50

L'Évolution de l'Électrochimie, par W. OSTWALD, professeur à l'Université de Leipzig. Traduit de l'allemand par E. PHILIPPI, licencié ès sciences. 1 vol. in-16. . . . . 3 fr. 50

De la Méthode dans les sciences (*2e série*) :
Avant-propos, par ÉMILE BOREL. — *Astronomie, jusqu'au milieu du XVIIIe siècle*, par B. BAILLAUD. — *Chimie physique*, par JEAN PERRIN. — *Géologie*, par LÉON BERTRAND. — *Paléobotanique*, par R. ZEILLER. — *Botanique*, par LOUIS BLARINGHEM. — *Archéologie*, par SALOMON REINACH. — *Histoire littéraire*, par GUSTAVE LANSON. — *Statistique*, par LUCIEN MARCH. — *Linguistique*, par A. MEILLET. 2e édition. 1 vol. in-16. . . . . 3 fr. 50

L'Artillerie de campagne, par E. BUAT, chef d'escadron au 25e régiment d'artillerie de campagne. *Son histoire, son évolution, son état actuel.* 1 vol. in-16 avec 75 grav. . . . . 3 fr. 50

Précédemment parus.

Éléments de philosophie biologique, par F. LE DANTEC, chargé du cours de biologie générale à la Sorbonne. 1 vol. in-16. 3e éd. . . . . 3 fr. 50

La voix. *Sa culture physiologique. Théorie nouvelle de la phonation*, par le Dr P. BONNIER, laryngologiste de la clinique médicale de l'Hôtel-Dieu. 3e éd. in-16. . . . . 3 fr. 50

De la méthode dans les sciences (*1re série*) :
Avant-propos, par P.-F. THOMAS. — *De la science*, par ÉMILE PICARD. — *Mathématiques pures*, par J. TANNERY. — *Mathématiques appliquées*, par P. PAINLEVÉ. — *Physique générale*, par M. BOUASSE. — *Chimie*, par M. JOB. — *Morphologie générale*, par A. GIARD. — *Physiologie*, par F. LE DANTEC. — *Sciences médicales*, par PIERRE DELBET. — *Psychologie*, par TH. RIBOT. — *Sciences sociales*, par E. DURKHEIM. — *Morale*, par L. LÉVY-BRUHL. — *Histoire*, par G. MONOD. 2e éd. 1 vol. in-16. . . . . 3 fr. 50

L'éducation dans la famille. *Les péchés des parents*, par P.-F. THOMAS, professeur. 1 vol. in-16. 3e édit. . . . . 3 fr. 50

La crise du transformisme, par F. LE DANTEC. 2e édit. 1 vol. in-16. 3 fr. 50

L'énergie, par W. OSTWALD, prof. honoraire à l'Université de Leipzig (prix Nobel de 1909), traduit de l'allemand par E. PHILIPPI, licencié ès sciences. 3e édit. 1 vol. in-16. . . . . 3 fr. 50

Les états physiques de la matière, par CH. MAURAIN, professeur à la Faculté des Sciences de Caen. 2e édit. 1 vol. in-16, avec figures. 3 fr. 50

La chimie de la matière vivante, par JACQUES DUCLAUX, préparateur à l'Institut Pasteur. 2e édit. 1 vol. in-16. . . . . 3 fr. 50

L'aviation, par PAUL PAINLEVÉ et ÉMILE BOREL. 5e édit., revue et augmentée. 1 vol. in-16, avec figures. . . . . 3 fr. 50

La race slave, *statistique, démographie, anthropologie*, par LUBOR NIEDERLE, professeur à l'Université de Prague. Traduit du tchèque et précédé d'une préface par L. LEGER, de l'Institut. 1 vol. in-16, avec une carte en couleurs hors texte. . . . . 3 fr. 50

L'évolution des théories géologiques, par STANISLAS MEUNIER, professeur au Muséum d'Histoire naturelle. 1 vol. in-16, avec gravures. 3 fr. 50

COLLECTION MÉDICALE

ÉLÉGANTS VOLUMES IN-12, CARTONNÉS A L'ANGLAISE, A 6, 4 ET 3 FRANCS

DERNIERS VOLUMES PUBLIÉS :

Bréviaire de l'arthritique, par le Dr M. DE FLEURY, membre de l'Académie de médecine. 4 fr.

Manuel de pathologie. *A l'usage des sages-femmes et des mères,* par le Dr H. DUFOUR, médecin de l'hôpital de la Maternité, avec 53 grav. dans le texte et 44 planches en couleur hors texte. 6 fr.

La médecine préventive du premier âge, par le Dr P. LONDE, ancien interne des hôpitaux de Paris. 4 fr.

Manuel de psychiatrie, par le Dr ROGUES DE FURSAC, médecin en chef des asiles de la Seine. 4ᵉ édit. revue et augmentée. 4 fr.

La démence précoce. *Étude psychologique, médicale et médico-légale,* par le Dr CONSTANZA PASCAL, médecin des asiles publics d'aliénés. 4 fr.

Hygiène de l'alimentation dans l'état de santé et de maladie, par le Dr J. LAUMONIER, avec gravures. 4ᵉ édition entièrement refondue. 4 fr.

PRÉCÉDEMMENT PARUS :

Manuel de pratique obstétricale à l'usage des sages-femmes, par le Dr E. PAQUY, avec 107 gravures dans le texte. 4 fr.

Essais de médecine préventive, par le Dr P. LONDE. 4 fr.

La joie passive, par le Dr R. MIGNARD. Préface du Dr G. DUMAS. 4 fr.

Guide pratique de puériculture, à l'usage des docteurs en médecine et des sages-femmes, par le Dr DELÉARDE. 4 fr.

La mimique chez les aliénés, par le Dr G. DROMARD. 4 fr.

L'amnésie, par les Drs G. DROMARD et J. LEVASSORT. 4 fr.

La mélancolie, par le Dr R. MASSELON, médecin adjoint à l'asile de Clermont. (*Couronné par l'Académie de médecine.*) 4 fr.

Essai sur la puberté chez la femme, par Mⁱˡˡᵉ le Dr MARTHE FRANCILLON, ancien interne des hôpitaux de Paris. 4 fr.

Les nouveaux traitements, par le Dr J. LAUMONIER. 2ᵉ éd. 4 fr.

Les embolies bronchiques tuberculeuses, par le Dr CH. SABOURIN, médecin du sanatorium de Durtol, avec gravures. 4 fr.

Manuel d'électrothérapie et d'électrodiagnostic, par le Dr E. ALBERT-WEIL, avec 88 gravures. 2ᵉ éd. 4 fr.

La mort réelle et la mort apparente, diagnostic et traitement de la mort apparente, par le Dr S. ICARD, avec gravures. 4 fr.

L'hygiène sexuelle et ses conséquences morales, par le Dr S. RIBBING, prof. à l'Univ. de Lund (Suède). 4ᵉ édit. 4 fr.

Hygiène de l'exercice chez les enfants et les jeunes gens, par le Dr F. LAGRANGE, lauréat de l'Institut. 9ᵉ édit. 4 fr.

De l'exercice chez les adultes, par *le même.* 7ᵉ édition. 4 fr.

Hygiène des gens nerveux, par le Dr LEVILLAIN, avec gravures. 5ᵉ éd. 4 fr.

L'éducation rationnelle de la volonté, son emploi thérapeutique, par le Dr PAUL-EMILE LÉVY. Préface de M. le prof. BERNHEIM. 8e édition.   4 fr.

L'idiotie. *Psychologie et éducation de l'idiot*, par le Dr J. VOISIN, médecin de la Salpêtrière, avec gravures.   4 fr.

La famille névropathique, *Hérédité, prédisposition morbide, dégénérescence*, par le D^r CH. FÉRÉ, médecin de Bicêtre, avec gravures. 2e édition.   4 fr.

L'instinct sexuel. *Évolution, dissolution*, par le même. 3e éd. 4 fr.

Le traitement des aliénés dans les familles, par *le même*. 3e édition.   4 fr.

L'hystérie et son traitement, par le Dr PAUL SOLLIER.   4 fr.

Manuel de percussion et d'auscultation, par le Dr P. SIMON, professeur à la Faculté de médecine de Nancy, avec grav.   4 fr.

La fatigue et l'entraînement physique, par le D^r PH. TISSIÉ. avec gravures. Préface de M. le prof. BOUCHARD. 3e édition.   4 fr.

Les maladies de la vessie et de l'urèthre chez la femme, par le Dr KOLISCHER; trad. de l'allemand par le Dr BEUTTNER, de Genève; avec gravures.   4 fr.

Grossesse et accouchement, *Étude de socio-biologie et de médecine légale* par le Dr G. MONACHE, professeur de médecine légale à l'Université de Bordeaux.   4 fr.

Naissance et mort, *Étude de socio-biologie et de médecine légale*, par *le même*.   4 fr.

La responsabilité, *Étude de socio-biologie et de médecine légale*, par le Dr G. MONACHE, prof. de médecine légale à l'Université de Bordeaux, associé de l'Académie de médecine.   4 fr.

Traité de l'intubation du larynx *de l'enfant et de l'adulte, dans les sténoses laryngées aiguës et chroniques*, par le Dr A. BONAIN, avec 42 gravures.   4 fr.

Pratique de la chirurgie courante, par le Dr M. CORNET, Préface du Pr OLLIER, avec 111 gravures.   4 fr.

Dans la même collection :

COURS DE MÉDECINE OPÉRATOIRE
de M. le Professeur Félix Terrier :

Petit manuel d'antisepsie et d'asepsie chirurgicales, par les Drs FÉLIX TERRIER, professeur à la Faculté de médecine de Paris, et M. PÉRAIRE, ancien interne des hôpitaux, avec grav. 3 fr.

Petit manuel d'anesthésie chirurgicale, par *les mêmes*, avec 37 gravures.   3 fr.

L'opération du trépan, par *les mêmes*, avec 222 grav.   4 fr.

Chirurgie de la face, par les Drs FÉLIX TERRIER, GUILLEMAIN et MALHERBE, avec gravures.   4 fr.

Chirurgie du cou, par *les mêmes*, avec gravures.   4 fr.

Chirurgie du cœur et du péricarde, par les Drs FÉLIX TERRIER et É. REYMOND, avec 79 gravures.   3 fr.

Chirurgie de la plèvre et du poumon, par *les mêmes*, avec 67 gravures.   4 fr.

MÉDECINE

Dernières publications :

BEURMANN (De) et GOUGEROT. **Les sporotrichoses.** 1 fort vol. gr. in-8 avec 181 fig. et 8 planches.   20 fr.

BOECKEL (J. et A.). **Des fractures du rachis cervical sans symptômes médullaires.** 1 vol. in-8 avec planches.   8 fr.

Conférence internationale du cancer (2e). Tenue à Paris du 1er au 5 octobre 1910. Travaux publiés sous la direction de M. le Prof. Pierre DELBET et du Dr R. LEDOUX-LEBARD. 1 volume grand in-8 de LXII-803 pages.   20 fr.

CORNIL, RANVIER, BRAULT et LETULLE. **Manuel d'histologie pathologique.** 3e édition entièrement remaniée.

> TOME IV ET DERNIER, par MM. MILIAN, DIEULAFÉ, DECLOUX, RIBADEAU-DUMAS, CRITZMANN, COURCOUX, BRAULT, LEGRY, HALLÉ, KLIPPEL et LEFAS. — *Poumon. — Bouche. — Tube digestif. — Estomac. — Intestin. — Foie. — Rein. — Vessie et urèthre. — Pancréas.* 2 vol. in-8. 45 fr.   (Voir p. 26.)

DUBUISSON (P.) et VIGOUROUX (A.). **Responsabilité pénale et folie.** 1 vol. in-8.   7 fr. 50

DUPOUY (R.). **Les Opiomanes.** *Mangeurs, buveurs et fumeurs d'opium.* 1 vol. in-8.   5 fr.

HARTENBERG (Dr P.). **L'Hystérie et les hystériques.** 1 vol. in-16.   3 fr. 50

— **Traitement des neurasthéniques.** 1 vol. in-16.   3 fr. 50

JANET (Dr Pierre). **L'État mental des hystériques.** 2e édition. 1 vol. in-8, avec gravures dans le texte.   18 fr.

LAGRANGE (Dr F.). **La fatigue et le repos.** 1 vol. in-8, publié avec le concours du Dr DE GRANDMAISON. 1 vol. in-8   6 fr.

LE DAMANY (Dr P.). **La luxation congénitale de la hanche.** *Études d'anatomie comparée. Déductions thérapeutiques.* 1 fort vol. gr. in-8 avec 486 fig.   15 fr.

LEGUEU (Prof. F.). **Traité chirurgical d'urologie.** Préface de M. le Prof. GUYON. 1 fort vol. gr. in-8 de VIII-1382 p., avec 663 grav. dans le texte et 8 pl. en couleurs hors texte, cartonné à l'angl. 40 fr.

LÉVY (Dr P.-E.). **Neurasthénie et névroses.** *Leur guérison définitive en cure libre.* 2e édit. 1 vol. in-16.   6 fr.

MACKENSIE (Dr J.). **Les maladies du cœur.** Traduit par le Dr FRANÇON. Préface du Dr H. VAQUEZ. 1 vol. in-8 avec 280 figures dans le texte et hors texte.   15 fr.

Manuel pratique de Kinésithérapie, par L. DURRY, R. HIRSCHBERG, R. LEROY, R. MESNARD, G. ROSENTHAL, H. STAPFER, F. WETTERWALD, E. ZANDER Jor.

> FASCICULE PREMIER : *Le rôle thérapeutique du mouvement. Notions générales. Maladies de la circulation.* 1 vol. in-8 avec 75 fig. 3 fr.

MARIE (Dr A.). **Traité international de psychologie pathologique :**

> TOME III ET DERNIER. *Psychologie appliquée,* par MM. les Prof. BAGENOFF, BIANCHI, SIKORSKY, G. DUMAS, HAVELOCK-ELLIS, Drs CULLERRE, A. MARIE, DEXLER, Prof. SALOMOUSEN. 1 vol. gr. in-8 avec grav. 25 fr.   (Voir p. 27).

MONOD (Pr Ch.) et VANVERTS (J.). **Chirurgie des artères,** *Rapport au XXIIe Congrès de chirurgie.* 1 vol. in-8.   2 fr.

OBERLAENDER (F.-M.) et KOLLMAN (A.). **La blennorrhagie chronique et ses complications.** Traduit par le Dr C. LEPOUTRE. 1 vol. gr. in-8 avec 178 fig. et 3 planches en couleurs hors texte. 15 fr.

REVAULT D'ALLONNES (Dr G.). **L'affaiblissement intellectuel chez les déments.** 1 vol. in-8.   5 fr.

REVERDIN (Pr J.-L.). **Leçons de chirurgie de guerre.** *Des blessures faites par les balles des fusils.* Préface de H. NIMIER. 1 vol. in-8, avec 7 pl. en phototypie hors texte.   7 fr. 50

RICHET (Pr Ch.). **L'anaphylaxie.** 2e édit. 1 vol. in-16.   3 fr. 50

STEWART (Dr Pierre). Le diagnostic des maladies nerveuses. Traduction et adaptation française, par le Dr Gustave Scherb. Préface de M. le Dr E. Helme. 1 vol. in-8 avec 203 fig. et diagrammes. 15 fr.

PRÉCÉDEMMENT PARUS :

Pathologie et thérapeutique médicales.

CAMUS et PAGNIEZ. Isolement et psychothérapie. *Traitement de la neurasthénie.* Préface du Pr Déjerine. 1 vol. gr. in-8. 9 fr.

CORNIL (V.), RANVIER, BRAULT et LETULLE. Manuel d'histologie pathologique. 3e édition entièrement remaniée.
   Tome I, par MM. Ranvier, Cornil, Brault, F. Bezançon et M. Cazin. — *Histologie normale.* — *Cellules et tissus normaux.* — *Généralités sur l'histologie pathologique.* — *Altération des cellules et des tissus.* — *Inflammations.* — *Tumeurs.* — *Notions sur les bactéries.* — *Maladies des systèmes et des tissus.* — *Altérations du tissu conjonctif.* 1 vol. in-8, avec 387 gravures en noir et en couleurs. 25 fr.
   Tome II, par MM. Durante, Jolly, Dominici, Gombault et Philippe. — *Muscles.* — *Sang et hématopoïèse.* — *Généralités sur le système nerveux.* 1 vol. in-8, avec 278 grav. en noir et en couleurs. 25 fr.
   Tome III, par MM. Gombault, Nageotte, A. Riche, R. Marie, Durante, Legry, F. Bezançon. — *Cerveau.* — *Moelle.* — *Nerfs.* — *Cœur.* — *Larynx.* — *Ganglion lymphatique.* — *Rate.* 1 vol. in-8, avec 382 grav. en noir et en couleurs. 35 fr.
   Tome IV et dernier. (Voir p. 25)

DESCHAMPS (A.). Les maladies de l'énergie. Les asthénies générales. *Épuisements, insuffrances, inhibitions.* (Clinique et Thérapeutique). Préface de M. le professeur Raymond. 1 vol. in-8. 2e édit. 8 fr. *(Couronné par l'Académie de médecine).*

FINGER (E.). La syphilis et les maladies vénériennes. Trad. de l'allemand avec notes par les docteurs Spillmann et Doyon. 3e édit. 1 vol. in-8, avec 8 planches hors texte. 12 fr.

FLEURY (Maurice de), de l'Académie de médecine. Introduction à la médecine de l'esprit. 9e édit. 1 vol. in-8. 7 fr. 50. *(Couronné par l'Académie française et par l'Académie de médecine.)*

— Les grands symptômes neurasthéniques. 4e édition, revue. 1 vol. in-8. *(Couronné par l'Académie des sciences.)* 7 fr. 50

— Manuel pour l'étude des maladies du système nerveux. 1 vol. gr. in-8, avec 132 grav. en noir et en couleurs, cart. à l'angl. 25 fr.

FRENKEL (H. S.). L'ataxie tabétique. *Ses origines, son traitement.* Préface de M. le Prof. Raymond. 1 vol. in-8. 8 fr.

HARTENBERG (P.). Psychologie des neurasthéniques. 2e édition. 1 vol. in-16. 3 fr. 50

JANET (P.) et RAYMOND (F.). Névroses et idées fixes.
   Tome I. — *Études expérimentales*, par P. Janet. 2e éd. 1 vol. gr. in-8 avec 68 gr. 12 fr.
   Tome II. — *Fragments des leçons cliniques*, par F. Raymond et P. Janet. 2e éd. 1 vol. grand in-8, avec 97 gravures. 14 fr.
   (Couronné par l'Académie des Sciences et par l'Académie de médecine.)

JANET (P.) et RAYMOND (F.). Les obsessions et la psychasthénie.
   Tome I. — *Études cliniques et expérimentales*, par P. Janet. 2e édit. 1 vol. gr. in-8, avec grav. dans le texte. 18 fr.
   Tome II. — *Fragments des leçons cliniques*, par F. Raymond et P. Janet. 2e édit. 1 vol. in-8 raisin, avec 22 gravures dans le texte. 14 fr.

JOFFROY (le prof.) et DUPOUY. Fugues et vagabondage. 1 vol in-8. 7 fr.

LABADIE-LAGRAVE et LEGUEU. Traité médico-chirurgical de gynécologie. 3e édition entièrement remaniée. 1 vol. grand in-8, avec nombreuses fig., cart. à l'angl. 25 fr.

LAGRANGE (F.). **Les mouvements méthodiques et la « méca-
nothérapie ».** 1 vol. in-8, avec 55 gravures dans le texte. 10 fr.
— **La médication par l'exercice.** 1 vol. gr. in-8, avec 63 grav. et
un planche en couleurs hors texte. 3ᵉ éd. 12 fr.
— **Le traitement des affections du cœur par l'exercice et
le mouvement.** 1 vol. in-8 avec figures. 6 fr.
LE DANTEC (F.). **Introduction à la pathologie générale.** 1 fort
vol. gr. in-8. 15 fr.
LÉPINE (le prof. R.). **Le Diabète sucré.** 1 vol. gr. in-8. 16 fr.
MARIE (Dʳ A.). **Traité international de psychologie patho-
logique.** TOME I : *Psychopathologie générale*, par MM. les Pʳˢ
GRASSET, DEL GRECO, Dʳ A. MARIE, Prof. MALLY, MINGAZZINI, Dʳˢ DIDE,
KLIPPEL, LEVADITI, LUGARO, MARINESCO, MÉDÉA, L. LAVASTINE, Prof.
MARRO, CLOUSTON, BECHTEREW, FERRARI, Prof. CARRARRA. 1 vol. gr.
in-8, avec 353 gr. dans le texte. 25 fr.
    TOME II : *Psychopathologie clinique*, par MM. les Pʳˢ BAGENOFF,
    BECHTEREW, Dʳˢ COLIN, CAPGRAS, DENY, HESNARD, LHERMITTE,
    MAGNAN, A. MARIE, Pʳˢ PICK, PILCZ, Dʳˢ RICHE, ROUBINOVITCH,
    SÉRIEUX, SOLLIER, Pʳ ZIEHEN, 1 vol. gr. in-8, avec 311 gr. 25 fr.
    TOME III ET DERNIER. (Voir p. 25)
MOSSÉ. **Le diabète et l'alimentation aux pommes de terre.**
1 vol. in-8. 5 fr.
SÉRIEUX et CAPGRAS. **Les folies raisonnantes.** 1 vol. in-8. 7 fr.
SOLLIER (P.). **Genèse et nature de l'hystérie.** 2 vol. in-8. 20 fr.
UNNA. **Thérapeutique des maladies de la peau.** Traduit de
l'allemand par les Dʳˢ DOYON et SPILLMANN. 1 vol. gr. in-8. 8 fr.

Pathologie et thérapeutique chirurgicales.

CORNIL (le prof. V.). **Les tumeurs du sein.** 1 vol. gr. in-8, avec
169 fig. dans le texte. 12 fr.
DURET (H.). **Les tumeurs de l'encéphale.** *Manifestations et chirurgie.* 1 fort vol. gr. in-8, avec 300 figures. 20 fr.
ESTOR (le prof.). **Guide pratique de chirurgie infantile.** 1 vol.
in-8, avec 165 gravures. 2ᵉ édition, revue et augmentée. 8 fr.
HENNEQUIN ET LOEWY. **Les luxations des grandes articulations, leur traitement pratique.** 1 vol. gr. in-8, avec 125 grav.
dans le texte. 16 fr.
LEGUEU. **Leçons de clinique chirurgicale** (Hôtel-Dieu, 1901).
1 vol. grand in-8, avec 71 gravures dans le texte. 12 fr.
NIMIER (H.). **Blessures du crâne et de l'encéphale par coup
de feu.** 1 vol. in-8, avec 150 fig. 15 fr.
NIMIER (H.) ET LAVAL. **Les projectiles de guerre** et leur action
vulnérante. 1 vol. in-12, avec grav. 3 fr.
— **Les explosifs, les poudres, les projectiles d'exercice,** leur
action et leurs effets vulnérants. 1 vol. in-12, avec grav. 3 fr.
— **Les armes blanches,** leur action et leurs effets vulnérants. 1 vol.
in-12, avec grav. 6 fr.
— **De l'infection en chirurgie d'armée,** évolution des blessures
de guerre. 1 vol. in-12, avec grav. 6 fr.
— **Traitement des blessures de guerre.** 1 fort vol. in-12, avec
gravures 6 fr.
TERRIER (F.) et AUVRAY (M.). **Chirurgie du foie et des voies
biliaires.** — TOME I. *Traumatismes du foie et des voies biliaires.* —
Foie mobile. — *Tumeurs du foie et des voies biliaires.* 1901. 1 vol. gr.
in-8, avec 50 gravures. 10 fr.
    TOME II. *Echinococcose hydatique commune.* — *Kystes alvéolaires.*
    — *Suppurations hépatiques.* — *Abcès tuberculeux intra-hépatique.* —
    Abcès de l'actinomycose. 1907. 1 vol. gr. in-8, avec 17 gravures. 12 fr.

Thérapeutique. Pharmacie. Hygiène.

BOSSU. **Petit compendium médical.** 6ᵉ édit. in-32, cart. 1 fr. 25
BOUCHARDAT. **Nouveau formulaire magistral.** 34ᵉ édition.
Collationnée avec le Codex de 1908. 1 vol. in-18, cart. 4 fr

BOUCHARDAT ET **DESOUBRY**. **Formulaire vétérinaire**, 6ᵉ édit.
1 vol. in-18, cartonné.   4 fr.

BOUCHUT ET **DESPRÉS**. **Dictionnaire de médecine et de thérapeutique médicale et chirurgicale**, comprenant le résumé de
la médecine et de la chirurgie, les indications thérapeutiques de chaque
maladie, la médecine opératoire, les accouchements, l'oculistique, l'odon-
totechnie, les maladies d'oreilles, l'électrisation, la matière médicale,
les eaux minérales, et un formulaire spécial pour chaque maladie,
mis au courant de la science par les Dʳˢ MARION et F. BOUCHUT.
7ᵉ édition, très augmentée, 1 vol. in-4, avec 1097 fig. dans le texte et
3 cartes. Broché, 25 fr.; relié.   30 fr.

LAGRANGE (F.). **La médication par l'exercice**. 1 vol. grand in-8,
avec 68 grav. et une carte en couleurs. 3ᵉ éd.   12 fr.

— **Les mouvements méthodiques et la « mécanothérapie »**.
1 vol. in-8, avec 55 gravures.   10 fr.

LAHOR (Dʳ Cazalis) et Lucien GRAUX. **L'alimentation à bon
marché saine et rationnelle**. 1 vol. in-16. 2ᵉ édit.   3 fr. 50
(Couronné par l'Institut.)

Anatomie. Physiologie.

BELZUNG. Anatomie et physiologie animales. 10ᵉ édition revue.
1 fort vol. in-8, avec 522 grav. dans le texte, broché, 6 fr.; cart.   7 fr.

CHASSEVANT. Précis de chimie physiologique. 1 vol. gr. in-8,
avec figures.   10 fr.

CORNIL (V.), RANVIER, BRAULT ET **LETULLE. Manuel d'histologie pathologique**. 3ᵉ édition entièrement remaniée. 4 vol. Ouvrage
complet (v. p. 25 et 26).

CYON (E. DE). Les nerfs du cœur. 1 vol. gr. in-8 avec fig.   6 fr.

DEBIERRE. Atlas d'ostéologie, comprenant les articulations des
os et les insertions musculaires. 1 vol. in-4, avec 253 grav. en noir et
en couleurs, cart. toile dorée.   12 fr.

DEMENY (G.). Mécanisme et éducation des mouvements. 4ᵉ éd.
1 vol. in-8, avec grav. cart.   9 fr.

GELLÉ. L'audition et ses organes. 1 vol. in-8, avec grav.   6 fr.

**OLEY (E.). Études de psychologie physiologique et patho-
logique**. 1 vol. in-8 avec gravures.   5 fr.

JAVAL (E.). Physiologie de la lecture et de l'écriture. 1 vol.
in-8. 2ᵉ édit.   6 fr.

LE DANTEC. L'unité dans l'être vivant, *Essai d'une biologie chimique*. 1 vol. in-8.   7 fr. 50

— **Les limites du connaissable**. *La vie et les phénomènes naturels*.
2ᵉ édit. 1 vol. in-8.   3 fr. 75

— **Traité de biologie**. 1 vol. grand in-8, avec fig., 2ᵉ éd.   15 fr.

RICHET (Ch.), professeur à la Faculté de médecine de Paris, **Dictionnaire de physiologie**, publié avec le concours de savants français et
étrangers. Formera 12 à 15 volumes grand in-8, se composant chacun
de 3 fascicules; chaque volume, 25 fr.; chaque fascicule, 8 fr. 50. Huit
volumes parus.

TOME I (*A-Bac*). — TOME II (*Bac-Cer*). — TOME III (*Cer-Cob*). —
TOME IV (*Cob-Diq*). — TOME V (*Diq-Fac*). — TOME VI (*Fnum-Gal*).
— TOME VII (*Gal-Gra*). — TOME VIII (*Gra-Hys*).

**SNELLEN. Échelle typographique pour mesurer l'acuité de
la vision**. 17ᵉ édition.   4 fr.

REVUE DE MÉDECINE

Directeurs : MM. les Professeurs BOUCHARD, de l'Institut ; CHAUFFARD, CHAUVEAU, de l'Institut ; LANDOUZY ; LÉPINE, correspondant de l'Institut ; PITRES ; ROGER et VAILLARD. Rédacteurs en chef : MM. LANDOUZY et LÉPINE. Secrétaire de la Rédaction : Dʳ JEAN LÉPINE.

REVUE DE CHIRURGIE

Directeurs : MM. les Professeurs E. QUÉNU, PIERRE DELBET, PIERRE DUVAL, A. PONCET, F. LEJARS, F. GROSS, E. FORGUE, A. DESMONS, E. CESTAN. Rédacteur en chef : M. E. QUÉNU. Secrétaire de la rédaction : Dʳ X. DELORE.

La *Revue de médecine* et la *Revue de chirurgie*, paraissent tous les mois ; chaque livraison de la *Revue de médecine* contient de 5 à 6 feuilles grand in-8, avec gravures ; chaque livraison de la *Revue de chirurgie* contient de 10 à 14 feuilles grand in-8, avec gravures.

PRIX D'ABONNEMENT :

Pour la Revue de Médecine. Un an, du 1ᵉʳ Janvier, Paris. 20 fr. — Départements et étranger. 23 fr. — La livraison : 2 fr.

Pour la Revue de Chirurgie. Un an, Paris. 30 fr. — Départements et étranger. 33 fr. — La livraison : 3 fr.

Les deux Revues réunies : un an, Paris 45 fr. départ. et étranger. 50 fr.

JOURNAL DE PSYCHOLOGIE
NORMALE ET PATHOLOGIQUE

DIRIGÉ PAR LES DOCTEURS

Pierre JANET   et   **G. DUMAS**

Professeur de psychologie au Collège   Professeur-adjoint à la Sorbonne.
de France.

9ᵉ année, 1912. — PARAIT TOUS LES DEUX MOIS.

ABONNEMENT, UN AN, du 1ᵉʳ janvier, 14 fr.
La livraison, 2 fr. 60.

Le prix d'abonnement est de 12 fr. pour les abonnés de la Revue philosophique.

REVUE ANTHROPOLOGIQUE
Organe de l'École d'Anthropologie de Paris.

faisant suite à la *Revue de l'École d'Anthropologie de Paris*
Revue Mensuelle. — 22ᵉ année, 1912.

Abonnement, un an, du 1ᵉʳ Janvier : France et Étranger, 10 fr. — Le Numéro, 1 fr.

ÉCONOMIE POLITIQUE — SCIENCE FINANCIÈRE

COLLECTION DES ÉCONOMISTES
ET PUBLICISTES CONTEMPORAINS
Format in-8.

VOLUMES RÉCEMMENT PUBLIÉS

ARNAUNÉ (A.), ancien directeur de la monnaie. **La monnaie, le crédit et le change.** 5e édition revue et augmentée. 1 vol. in-8. . . . . 8 fr.

— — **Le commerce extérieur et les tarifs de douane.** 1 vol. in-8. . 8 fr.

BLOCH (R.) et CHAUMEL (H). **Traité théorique et pratique des conseils de Prud'hommes.** 1 vol. in-8. . . . . 12 fr.

LEROY-BEAULIEU (P.), de l'Institut. **Traité de la science des finances.** 8e édition revue et augmentée. 2 forts vol. in-8. . . . . . . 25 fr.

NEYMARCK (A.). **Finances contemporaines. — Tomes VI et VII.** *L'épargne française et les valeurs mobilières (1872-1910).* 2 vol. in-8. 15 fr.

PINOT (P.) et COMOLET-TIRMAN (J.). **Traité des retraites ouvrières.** 1 vol. in-8. . . . . 6 fr.

RAFFALOVICH (A.). Le marché financier (1910-1911). 1 vol. gr. in-8. 12 fr.

PRÉCÉDEMMENT PARUS

ANTOINE (Ch.). **Cours d'économie sociale.** 4e édition, revue et augmentée. 1 vol. in-8. 9 fr.

BLANQUI, de l'Institut. **Histoire de l'économie politique en Europe,** *depuis les Anciens jusqu'à nos jours,* 5e édition. 1 vol. in-8. . . 8 fr.

BLUNTSCHLI. **Théorie générale de l'Etat,** traduit de l'allemand par M. DE RIEDMATTEN. 3e édition. 1 vol. in-8. . . . . 9 fr.

COLSON (C.), de l'Institut. **Cours d'économie politique,** professé à l'Ecole nationale des ponts et chaussées.

   Livre I. — *Théorie générale des phénomènes économiques.* 2e édition revue et augmentée. . . . . 6 fr.

   — II. — *Le travail et les questions ouvrières.* 3e tirage. . . 6 fr.

   — III. — *La propriété des biens corporels et incorporels.* 2e tir^e. 6 fr.

   — IV. — *Les entreprises, le commerce et la circulation.* 2e tir^e. 6 fr.

   — V. — *Les finances publiques et le budget de la France.* . 6 fr.

   — VI. — *Les travaux publics et les transports.* . . . . 6 fr.

— SUPPLÉMENT ANNUEL aux *Livres IV, V et VI,* (1911) broch. in-8. 1 fr.

COURCELLE-SENEUIL, de l'Institut. **Traité théorique et pratique d'économie politique.** 3e édition, revue et corrigée. 2 vol. in-18. 7 fr.

— **Traité théorique et pratique des opérations de banque.** *Dixième édition, revue et mise à jour,* par A. LIESSE, professeur au Conservatoire des arts et métiers. 1 vol. in-8. . . . . 9 fr.

COURTOIS (A.). Histoire des banques en France. 2e édition. 1 v. in-8. 8 fr. 50

EICHTHAL (Eugène d'), de l'Institut. **La formation des richesses et ses conditions sociales actuelles,** *notes d'économie politique.* . . . 7 fr. 50

FIX (Th.). Observations sur l'état des classes ouvrières. In-8. . 5 fr.

HAUTEFEUILLE. **Des droits et des devoirs des nations neutres en temps de guerre maritime.** 3e édit. refondue. 3 forts vol. in-8. 22 fr. 50

— **Histoire des origines, des progrès et des variations du droit maritime international.** 2e édition. 1 vol. in-8. . . . . 7 fr. 50

LEROY-BEAULIEU (P.), de l'Institut. **Traité théorique et pratique d'économie politique.** 5e édition revue et augmentée. 5 vol. in-8. . 30 fr.

— **Essai sur la répartition des richesses et sur la tendance à une moindre inégalité des conditions.** 3e édit., revue et corrigée. 1 vol. in-8. 9 fr.

— — **L'État moderne et ses fonctions.** 4e édition. 1 vol. in-8. . . . 9 fr.

— **Le collectivisme,** *examen critique du nouveau socialisme.* — *L'Evolution du Socialisme depuis 1895.* — *Le syndicalisme.* 5e édit., revue et augmentée. 1 vol. in-8. 9 fr.

— **De la colonisation chez les peuples modernes.** 6e édition. 2 vol. in-8. 20 fr.

LIESSE (A.), professeur au Conservatoire national des arts et métiers. **Le travail** *aux points de vue scientifique, industriel et social.* 1 vol. in-8. . . . . 7 fr. 50

MARTIN-SAINT-LÉON (E.), conservateur de la bibliothèque du Musée Social. Histoire des corporations de métiers, *depuis leurs origines jusqu'à leur suppression en 1791*, suivie d'une étude sur l'*Évolution de l'Idée corporative de 1791 à nos jours* et sur le *Mouvement syndical contemporain*. Deuxième édition, revue et mise au courant. 1 fort vol. in-8. (*Couronné par l'Académie française*) . . . . 10 fr.

NEYMARCK (A.). Finances contemporaines. — Tome I. *Trente années financières, 1872-1901*. 1 vol. in-8, 7 fr. 50. — Tome II. *Les budgets, 1872-1903*. 1 vol. in-8, 7 fr. 50. — Tome III. *Questions économiques et financières, 1872-1904*. 1 vol. in-8, 10 fr. — Tomes IV-V : *L'obsession fiscale, questions fiscales, propositions et projets relatifs aux impôts depuis 1871 jusqu'à nos jours*. 2 vol. in-8 (1907). . . . . 15 fr.

NOVICOW (J.). Le problème de la misère et les phénomènes économiques naturels. 1 vol. in-8 . . . . 7 fr. 50

PASSY (H.), de l'Institut. Des formes de gouvernement et des lois qui les régissent. 2ᵉ édition. 1 vol. in-8 . . . . 7 fr. 50

PAUL-BONCOUR. Le fédéralisme économique et le syndicalisme obligatoire, préface de WALDECK-ROUSSEAU. 1 vol. in-8. 2ᵉ édit . . 6 fr.

RAFFALOVICH (A.). Le marché financier. France, Angleterre, Allemagne, Russie, Autriche, Japon, Suisse, Italie, Espagne, Etats-Unis. Questions monétaires. Métaux précieux. Années 1891. 1 vol. 5 fr. 1892. 1 vol. 5 fr. 1893 à 1894, *épuisé*. 1894-1895 à 1896-1897. Chacune 1 vol. 7 fr. 50; 1897-1898 et 1898-1899, chacune 1 vol. 10 fr. 1899-1900 à 1901-1902, *épuisés*; 1902-1903 à 1909-1910, chacuno 1 vol. . . . . 12 fr.

RICHARD (A.). L'organisation collective du travail, préface par Yves Guyot. 1 vol. grand in-8 . . . . 6 fr.

ROSSI (P.), de l'Institut. Cours d'économie politique, 5ᵉ édition. 4 vol. in-8 . . . . 15 fr.

— Cours de droit constitutionnel, 2ᵉ édition. 4 vol. in-8 . . . . . 15 fr.

STOURM (R.), de l'Institut. Les systèmes généraux d'impôts. 3ᵉ édition revisée et mise au courant. 1 vol. in-8 . . . . 10 fr.

— *Cours de finances*. Le budget, son histoire et son mécanisme. 6ᵉ édition. 1 vol. in-8 . . . . 10 fr.

VILLEY (Ed.). Principes d'Économie politique. 3ᵉ édit. 1 vol. in-8. 10 fr.

WEULERSSE (G.). Le mouvement physiocratique en France de 1856 à 1870. 2 vol. in-8 . . . . 25 fr.

BIBLIOTHÈQUE DES SCIENCES MORALES ET POLITIQUES

FORMAT IN-18 JÉSUS.

VOLUMES RÉCEMMENT PUBLIÉS.

ANTONELLI (E.). Les actions de travail dans les sociétés anonymes à participation ouvrière. Préface d'Aristide BRIAND. 1 vol. in-16. 2 fr. 50

BELLET (D.). Le chômage et son remède. Préface de Paul LEROY-BEAULIEU. 1 vol. in-16. . . . . 3 fr. 50

DUGUIT (L.). Les transformations générales du droit privé depuis le code Napoléon. 1 vol. in-16. . . . . 3 fr. 50

Grands marchés financiers (Les). *France* (Paris et Province). *Londres, Berlin, New-York*, par A. AUPETIT, L. BROCARD, J. ARMAGNAC, G. DELAMOTTE, G. AUBERT. 1 vol. in-16. . . . . 3 fr. 50

GUYOT (Yves). Les chemins de fer et la grève. 1 vol. in-16. 3 fr. 50

LACHAPELLE (G.). La représentation proportionnelle en France et en Belgique. 1 vol. in-16. . . . . 3 fr. 50

LAYCOCK (F.-U.). L'économie politique dans une coque de noix. Trad. par Mlle DIDIER. Introduction de *Yves Guyot*. 1 vol. in-16. . 3 fr. 50

MAURY (F.). Le port de Paris. 3ᵉ édit. 1 vol. in-16. . . . . . 3 fr. 50

PAWLOWSKI (A.). Les syndicats jaunes. 1 vol. in-16. . . . . . 2 fr. 50

— Les syndicats féminins et les syndicats mixtes en France. 1 vol. in-16. . . . . 2 fr. 50

RICHARD (M.). Le régime minier. 1 vol. in-16. . . . . 3 fr. 50

PRÉCÉDEMMENT PARUS

AUCUY (M.). **Les systèmes socialistes d'échange.** 1 vol. in-16.   **3 fr. 50**

BASTIAT (Frédéric). **Œuvres complètes,** précédées d'une *Notice* sur sa vie et ses écrits. 7 vol. in-18. . . . . **24 fr. 50**
    I. *Correspondance.* — *Premiers écrits.* 3ᵉ édition, 3 fr. 50; — II. *Le Libre-Échange.* 3ᵉ édition, 3 fr. 50; — III. *Cobden et la Ligue.* 4ᵉ édition, 2 fr. 50; — IV et V. *Sophismes économiques.* — *Petits pamphlets.* 6ᵉ édit. 2 vol., 7 fr.; — VI. *Harmonies économiques.* 9ᵉ édition, 3 fr. 50; — VII. *Essais.* — *Ébauches.* — *Correspondance.* . . . . 3 fr. 50
    Les tomes IV et V seuls ne se vendent que réunis.

BOURDEAU (J.). **Entre deux servitudes.** *Démocratie, socialisme, syndicalisme, impérialisme,* etc. 1 vol. in-16. . . . . **3 fr. 50**

BROUILHET (Ch.). **Le conflit des doctrines dans l'économie politique contemporaine.** 1 vol. in-16. . . . . **3 fr. 50**

CHALLAYE. Syndicalisme révolutionnaire et syndicalisme réformiste. 1 vol. in-16. . . . . **2 fr. 50**

COURCELLE-SENEUIL (J.-G.). **Traité théorique et pratique d'économie politique.** 3ᵉ édit. 2 vol. in-18. . . . . **7 fr.**
— **La société moderne.** 1 vol. in-18. . . . . **5 fr.**

DEPUICHAULT. La Fraude successorale par le procédé du compte-joint. Préface de M. Paul LEROY-BEAULIEU. 1 vol. in-16 . . . 3 fr. 50

DOLLÉANS. Robert Owen (1771-1858). 1 vol. in-18. . . . . . . 3 fr. 50

DUGUIT (L.) **Le droit social, le droit individuel et la transformation de l'État.** 1 vol. in-16, 2ᵉ édit. . . . . 2 fr. 50

EICHTHAL (E. d'), de l'Institut. **La liberté individuelle du travail et les menaces du législateur.** 1 vol. in-16. . . . . 2 fr. 50

Forces productives de la France (Les), par MM. P. BAUDIN, P. LEROY-BAULIEU, MILLERAND, ROUME, J. THIERRY, E. ALLIX, J.-C. CHARPENTIER, H. DE PEYERIMHOFF, P. DE ROUSIERS, D. ZOLLA. 1 vol. in-16. 3 fr. 50

GAUTHIER (A.-E.), sénateur, ancien ministre. **La réforme fiscale par l'impôt sur le revenu.** 1 vol. in-18. . . . . 3 fr. 50

LESEINE (L.) et **SURET** (L.). **Introduction mathématique à l'étude de l'économie politique.** 1 vol. in-16 avec figures. . . . . 3 fr.

LIESSE, professeur au Conservatoire des arts et métiers. **La statistique, ses difficultés, ses procédés, ses résultats.** 2ᵉ éd. 1 vol. in-18. 2 fr. 50
— **Portraits de financiers.** OUVRARD, MOLLIEN, GAUDIN, BARON LOUIS, CORVETTO, LAFFITE, DE VILLÈLE. 1 vol. in-18. . . . . 3 fr. 50

MARGUERY (E.). **Le droit de propriété et le régime démocratique.** 1 vol. in-18. . . . . 2 fr. 50

MERLIN (R.), biblioth. archiviste du Musée social. **Le contrat de travail, les salaires, la participation aux bénéfices.** 1 v. in-18. . . . 2 fr. 50

MILHAUD (Mlle Caroline). **L'ouvrière en France,** *sa condition présente, réformes nécessaires.* 1 vol. in-18. . . . . 2 fr. 50

MILHAUD (Edg.), professeur d'économie politique à l'Université de Genève. **L'imposition de la rente.** *Les engagements de l'État, les intérêts du crédit public, l'égalité devant l'impôt.* 1 vol. in-16. . 3 fr. 50

MOLINARI (G. de). **Questions économiques à l'ordre du jour.** In-18. 3 fr. 50
— **Les problèmes du XXᵉ siècle.** 1 vol. in-18. . . . . 3 fr. 50
— **Théorie de l'Évolution.** *Économie de l'histoire.* 1 vol. in-16. 3 fr. 50

NOUEL (R.). **Les Sociétés par actions,** *leur réforme,* préface de P. BAUDIN. 1 vol. in-16. . . . . 3 fr. 50

PAWLOWSKI (A.). **La Confédération générale du travail.** Préface de J. BOURDEAU. 1 vol. in-16. . . . . 2 fr. 50

PIC (P.), professeur de législation industrielle à l'Université de Lyon. **La protection légale des travailleurs et le droit international ouvrier.** 1 vol. in-16 . . . . 2 fr. 50

Politique budgétaire en Europe (La), par MM. A. LEBON, G. BLONDEL, R.-G. LÉVY, A. RAFFALOVICH, C. LAURENT, G. PICOT, H. GANS. 1 vol. in-16 . . . . 3 fr. 50

STUART MILL (J.). **Le gouvernement représentatif.** Traduction et *Introduction,* par M. DUPONT-WHITE. 3ᵉ édition. 1 vol. in-18. 4 fr.

COLLECTION
D'AUTEURS ÉTRANGERS CONTEMPORAINS

Histoire — Morale — Économie politique — Sociologie

Format in-8. (Pour le cartonnage, 1 fr. 50 en plus.)

BAMBERGER. — **Le Métal argent au XIX⁴ siècle.** Traduction par M. Raphael-Georges Lévy. 1 vol. Prix, broché . . . . 6 fr. 50

C. ELLIS STEVENS. — **Les Sources de la Constitution des États-Unis** *étudiées dans leurs rapports avec l'histoire de l'Angleterre et de ses Colonies.* Traduit par Louis Vossion. 1 vol. in-8. Prix, broché. 7 fr. 50

GOSCHEN. — **Théorie des Changes étrangers.** Traduction et préface de M. Léon Say. *Quatrième édition française suivie du Rapport de 1875 sur le paiement de l'indemnité de guerre,* par le même. 1 vol. Prix, broché . . . . 7 fr. 50

HERBERT SPENCER, (v. p. 11).

HOWELL. — **Le Passé et l'Avenir des Trade Unions.** *Questions sociales d'aujourd'hui.* Traduction et préface de M. Le Cour Grandmaison. 1 vol. Prix, broché . . . . 5 fr. 50

KIDD. — **L'évolution sociale.** Traduit par M. P. Le Monnier. 1 vol. in-8. Prix, broché. . . . . 7 fr. 50

NITTI. — **Le Socialisme catholique.** Traduit avec l'autorisation de l'auteur. 1 vol. Prix, broché . . . . 7 fr. 50

RUMELIN. — **Problèmes d'Économie politique et de Statistique.** Traduit par Ar. de Riedmatten. 1 vol. Prix, broché. . . . . . . 7 fr. 50

SCHULZE GAVERNITZ. — **La grande Industrie.** Traduit de l'allemand. Préface par M. G. Guéroult. 1 vol. Prix, broché. . . . . . . 7 fr. 50

W.-A. SHAW. — **Histoire de la Monnaie (1252-1894).** Traduit par M. Ar. Raffalovich. 1 vol. Prix, broché . . . . 7 fr. 50

THOROLD ROGERS. — **Histoire du Travail et des Salaires en Angleterre depuis la fin du XIII⁸ siècle.** Traduction avec notes par E. Castelot. 1 vol. in-8. Prix, broché . . . . 7 fr. 50

WESTERMARCK. — **Origine du Mariage dans l'espèce humaine.** Traduction de M. H. de Varigny. 1 vol. Prix, broché . . . . . . 11 fr.

DICTIONNAIRE DU COMMERCE
DE L'INDUSTRIE ET DE LA BANQUE

DIRECTEURS :
MM. Yves GUYOT et Arthur RAFFALOVICH

2 volumes grand in-8. Prix, brochés. . . . . 50 fr.
— — reliés. . . . . 58 fr.

NOUVEAU DICTIONNAIRE
D'ÉCONOMIE POLITIQUE

PUBLIÉ SOUS LA DIRECTION DE
M. LÉON SAY et de M. JOSEPH CHAILLEY-BERT
Deuxième édition.

2 vol. grand in-8 raisin et un Supplément : prix, brochés. . . . . . 60 fr.
— — demi-reliure chagrin. . . . . 69 fr.

COMPLÉTÉ PAR 3 TABLES : Table des auteurs, table méthodique et table analytique.

PETITE BIBLIOTHÈQUE
ÉCONOMIQUE
FRANÇAISE ET ÉTRANGÈRE
PUBLIÉE SOUS LA DIRECTION DE M. J. CHAILLEY-BERT

PRIX DE CHAQUE VOLUME IN-32, ORNÉ D'UN PORTRAIT
Cartonné toile. . . . . 2 fr. 50

XVIII VOLUMES PUBLIÉS

I. — VAUBAN. — Dîme royale, par G. MICHEL.

II. — BENTHAM. — Principes de Législation, par Mlle RAFFALOVICH.

III. — HUME. — Œuvre économique, par Léon SAY.

IV. — J.-B. SAY. — Économie politique, par H. BAUDRILLART, de l'Institut.

V. — ADAM SMITH. — Richesse des Nations, par COURCELLE-SENEUIL, de l'Institut. 2e édit.

VI. — SULLY. — Économies royales, par M. J. CHAILLEY-BERT.

VII. — RICARDO. — Rentes, Salaires et Profits, par M. P. BEAUREGARD, de l'Institut.

VIII. — TURGOT. — Administration et Œuvres économiques, par M. L. ROBINEAU.

IX. — JOHN STUART MILL. — Principes d'économie politique, par M. L. ROQUET.

X. — MALTHUS. — Essai sur le principe de population, par M. G. de MOLINARI.

XI. — BASTIAT. — Œuvres choisies, par M. de FOVILLE, de l'Institut. 2e édit.

XII. — FOURIER. — Œuvres choisies, par M. Ch. GIDE.

XIII. — F. LE PLAY. — Économie sociale, par M. F. AUBURTIN. Nouvelle édit.

XIV. — COBDEN. — Ligue contre les lois, Céréales et Discours politiques, par Léon SAY, de l'Académie française.

XV. — KARL MARX. — Le Capital, par M. VILFREDO PARETO. 3e édit.

XVI. — LAVOISIER. — Statistique agricole et projets de réformes, par MM. SCHELLE et Ed. GRIMAUX, de l'Institut.

XVII. — LÉON SAY. — Liberté du Commerce, finances publiques, par M. J. CHAILLEY-BERT.

XVIII. — QUESNAY. — La Physiocratie, par M. Yves GUYOT.

Chaque volume est précédé d'une introduction et d'une étude biographique, bibliographique et critique sur chaque auteur.

BIBLIOTHÈQUE
DE LA

LIGUE DU LIBRE ÉCHANGE

PRIX DE CHAQUE VOL. IN-32, cartonné toile. . . . . 2 fr.

SCHELLE (G.). Le bilan du protectionnisme en France.

HISTOIRE UNIVERSELLE DU TRAVAIL

PUBLIÉE SOUS LA DIRECTION
de **G. RENARD**, professeur au Collège de France.

Sera publiée en 12 volumes

Chaque volume in-8, avec gravures. . . . . **5 fr.**

Viennent de paraître :

PAUL LOUIS. Le travail dans le monde romain. 1 vol. avec 41 gravures.
RENARD (G.) et DULAC (A.). L'évolution industrielle et agricole depuis cent cinquante ans. 1 vol. avec 31 gravures.

REVUE PHILOSOPHIQUE

DE LA FRANCE ET DE L'ÉTRANGER

DIRIGÉE par **Th. RIBOT**
Membre de l'Institut, Professeur honoraire au Collège de France.
37e année, 1912. — PARAIT TOUS LES MOIS.

Abonnement :

Un an du 1er Janvier : Paris, **30** fr.; Départ. et Etranger, **33** fr.
La livraison, **3** fr.

JOURNAL DES ÉCONOMISTES

REVUE MENSUELLE DE LA SCIENCE ÉCONOMIQUE ET DE LA STATISTIQUE
71e ANNÉE, 1912.

PARAIT LE 15 DE CHAQUE MOIS
par fascicules grand in-8 de 10 à 12 feuilles (180 à 192 pages).

RÉDACTEUR EN CHEF : **M. YVES GUYOT**

Ancien ministre,
Vice-président de la Société d'Economie politique.

CONDITIONS DE L'ABONNEMENT :

France et Algérie : UN AN. . . . . **36** fr.; SIX MOIS. . . . . . . **19** fr.;
Union postale : UN AN. . . . . **38** fr.; SIX MOIS. . . . . . . **20** fr.
LE NUMÉRO. . . . . **3** fr. **50**

Les abonnements partent de Janvier, Avril, Juillet ou Octobre.

REVUE HISTORIQUE

Dirigée par MM. G. MONOD, de l'Institut, et Ch. BÉMONT.
(37e année, 1912). — Paraît tous les deux mois.

Abonnement du 1er Janvier, un an : Paris, 30 fr. — Départements et étranger, 33 fr. — La livraison, 6 fr.

REVUE DU MOIS

DIRECTEUR : **Émile BOREL**, professeur à la Sorbonne
SECRÉTAIRE DE LA RÉDACTION : A. BIANCONI, agrégé de l'Université.

(7e année, 1912). — Paraît tous les mois.

ABONNEMENT DU 1er DE CHAQUE MOIS :

Un an : Paris, **20** fr. — Départements, **22** fr. — Étranger, **25** fr.
Six mois : — **10** fr. —   —   **11** fr. —   —   **12** fr. **50**.
La livraison, **2** fr. **25**.

REVUE DES ÉTUDES NAPOLÉONIENNES

Publiée sous la direction de M. **Ed. DRIAULT**.

(1re année, 1912). — Paraît tous les deux mois.

ABONNEMENT (du 1er janvier). Un an : France, **20** fr. — Étranger, **22** fr.
La livraison, **4** fr.

REVUE DES SCIENCES POLITIQUES

Suite des ANNALES DES SCIENCES POLITIQUES.

(27e année, 1912). — Paraît tous les deux mois.

Rédacteur en chef : **M. ESCOFFIER**,
professeur à l'École des sciences politiques.

ABONNEMENT : du 1er janvier, Paris **18** fr.; Départ. et Étranger, **19** fr.
La livraison : **3** fr. **50**.

BULLETIN DE LA STATISTIQUE GÉNÉRALE
DE LA FRANCE

(1re année, 1911-1912). — Paraît tous les trois mois.

ABONNEMENT (du 1er octobre). Un an : France et Étranger, **14** fr.
La livraison, **4** fr.

Abonnements sans frais à la Librairie Félix Alcan, chez tous les libraires et dans tous les bureaux de poste.

871-12. — Coulommiers. Imp. PAUL BRODARD. — 11-12.

LIBRAIRIE FÉLIX ALCAN

EXTRAIT DU CATALOGUE

ANTONELLI (E.), chargé de conférences à la Faculté de droit de Paris, professeur au Collège libre des Sciences sociales. **Les actions de travail dans les sociétés anonymes à participation ouvrière.** Avant-propos de M. BRIAND. 1 vol. in-16. 2 fr. 50

BELLET (D.), prof. à l'École des Hautes Études commerciales. **Le chômage et son remède.** Préface de P. LEROY-BEAULIEU, de l'Institut. 1 vol. in-16. . . . 3 fr. 50

BLOCH (R.), avocat à la Cour de Paris, et CHAUMEL (H.), juge au Tribunal civil de la Seine. **Traité théorique et pratique des conseils de prud'hommes.** In-8. 12 fr.

CHALLAYE. **Syndicalisme révolutionnaire et syndicalisme réformiste.** 1 v. in-16. 2 fr. 50

CHASTIN (J.), professeur au lycée Voltaire. **Les trusts et les syndicats de producteurs.** 1 vol. in-8, cart. à l'angl. (*Ouvrage récompensé par l'Institut*). . . 6 fr.

La concentration des Entreprises industrielles et commerciales. *Conférences faites à l'École des Hautes Études sociales* par A. FONTAINE, L. MARCH, P. DES ROUSIERS, F. SAMAZEUILH, A. SAYOUS, G. VEILLAT, P. WEISS. 1 fort vol. in-16. 3 fr. 50

DEPASSE. **Du travail et de ses conditions.** *Chambres et conseils de travail.* In-18. 3 fr. 50

Le droit de grève, par MM. Ch. GIDE, H. BERTHÉLEMY, P. BUREAU, A. KEUFER, C. PERREAU, Ch. PICQUENARD, A. E. SAYOUS, F. FAGNOT, E. VANDERVELDE. 1 vol. in-8, cart. à l'angl. . . . . 6 fr.

La Femme. *Sa situation réelle, sa situation idéale,* par J. A. THOMSON, Mme THOMSON, Miss L. I. LUMSDEN, Mme LENDRUM, Miss Phoebe SHEAVYN, T. S. CLOUSTON, Miss France MELVILLE, Miss Edith PEARSON, Richard LODGE. Préface de SIR OLIVER LODGE. Traduit de l'anglais par Mlle A. TERNIER. 1 vol. in-16. 3 fr. 50

FOURNIÈRE (Eug.). **L'individu, l'association et l'État.** 1 vol. in-8. . . . . 6 fr.

GUYOT (Yves). **Les chemins de fer et la grève.** 1 vol. in-16. . . . . 3 fr. 50

— **Sophismes socialistes et faits économiques.** 1 vol. in-16. . . . . 3 fr. 50

LEROY-BEAULIEU (P.), de l'Institut. **Le collectivisme.** *Examen critique du nouveau socialisme. L'évolution du socialisme depuis 1895. Le syndicalisme.* 5e édition, revue et considérablement augmentée. 1 vol. in-8. . . . . 9 fr.

LICHTENBERGER (A.). **Le Socialisme utopique,** *étude sur quelques précurseurs du Socialisme.* 1 vol. in-16. . . . . 3 fr. 50

— **Le Socialisme et la Révolution française.** 1 vol. . . . . 5 fr.

LIESSE (A.), de l'Institut, professeur au Conservatoire des Arts et Métiers. **Le travail,** *aux points de vue scientifique, industriel et social.* 1 vol. in-8. . . . . . 7 fr. 50

MARTIN SAINT-LÉON (E.). **Histoire des corporations de métiers jusqu'en 1791.** 2e édit., revue et augmentée. 1 fort vol. in-8 (*Cour. par l'Acad. française*). 10 fr.

MERLIN (R.), bibliothécaire archiviste du Musée social. **Le contrat de travail.** *Les salaires, la participation aux bénéfices.* 1 vol. in-18. . . . . 2 fr. 50

MILHAUD (E.), professeur à l'Université de Genève. **La Démocratie socialiste allemande.** 1 vol. in-8. . . . . 10 fr.

MILHAUD (Mlle). **L'ouvrière en France.** 1 vol. in-16. . . . . 2 fr. 50

MOLINARI (G. de). **Les bourses de travail.** 1 vol. in-18. . . . . 3 fr. 50

PAUL-BONCOUR (J.), député. **Le fédéralisme économique.** Préface de WALDECK-ROUSSEAU. 2e édit. 1 vol. in-8. 6 fr.

PAUL-LOUIS. **L'ouvrier devant l'État.** *La législation ouvrière dans les Deux Mondes.* 1 vol. in-8. . . . . 7 fr.

— **Histoire du mouvement syndical en France (1789-1906).** 1 vol. in-16. . . . 3 fr. 50

— **Le syndicalisme contre l'État.** 1 vol. in-16. . . . . 3 fr. 50

PAWLOWSKI, professeur à l'École des Hautes Études sociales. **La confédération générale du travail.** Préface de J. BOURDEAU. 1 vol. in-16. . . . . 2 fr. 50

— **Les syndicats jaunes.** 1 vol. in-16. . . . . 2 fr. 50

— **Les syndicats féminins et les syndicats mixtes en France.** *Leur organisation. Leur action professionnelle, économique et sociale. Leur avenir.* 1 vol. in-16. 3 fr. 50

PIC (P.), professeur à la Faculté de droit de Lyon. **La protection légale des travailleurs et le droit international ouvrier.** 1 vol. in-16. . . . . 2 fr. 50

PINOT (P.) et COMOLET-TIRMAN (J.), auditeurs au Conseil d'État. **Traité des retraites ouvrières.** *Commentaire théorique et pratique de la loi du 5 avril 1910.* Préface de A. PICARD, de l'Institut, président du Conseil d'État. 1 vol. in-8. 6 fr.

Le Socialisme à l'étranger. *Angleterre, Allemagne, Autriche, Italie, Espagne, Hongrie, Russie, Japon, États-Unis,* par MM. J. BARDOUX, G. GIDEL, KINZO-GORAÏ, G. ISAMBERT, G. LOUIS-JARAY, A. MARVAUD, DA MOTTA DE SAN MIGUEL, P. QUENTIN-BAUCHART, M. REVON, A. TARDIEU. Préface de A. LEROY-BEAULIEU, de l'Institut, directeur de l'École des Sciences politiques, conclusion de J. BOURDEAU. 1 vol. in-16. . . . . 3 fr. 50

VANDERVELDE (E.). **L'exode** . . . éd. 6 fr.

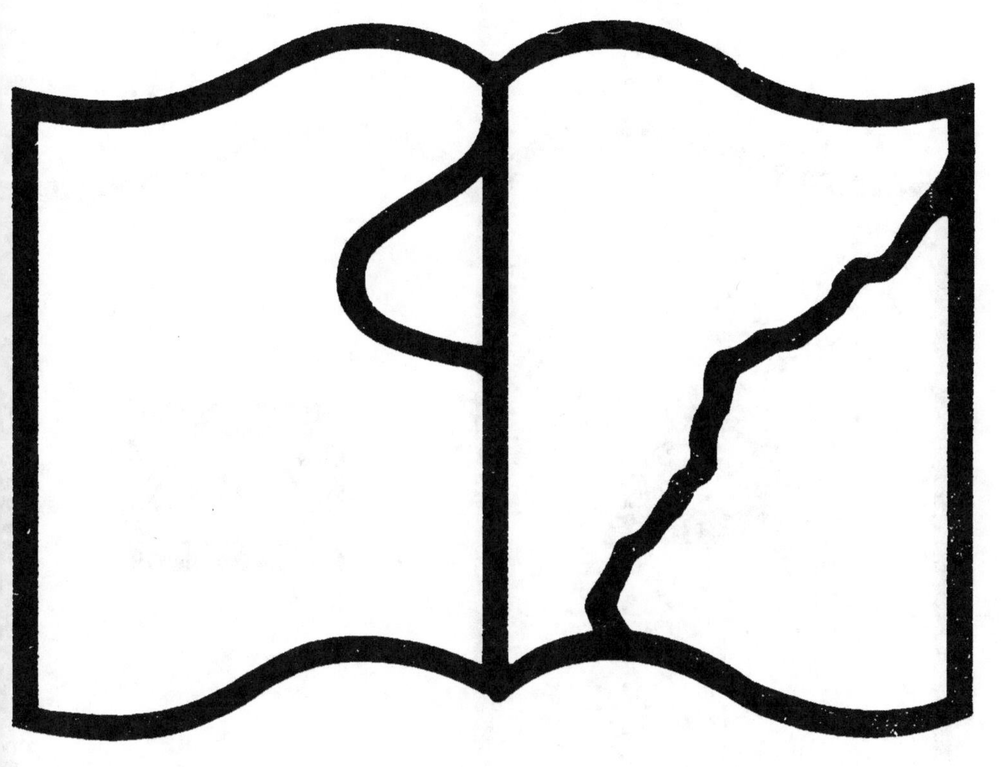

Texte détérioré — reliure défectueuse

NF Z 43-120-11

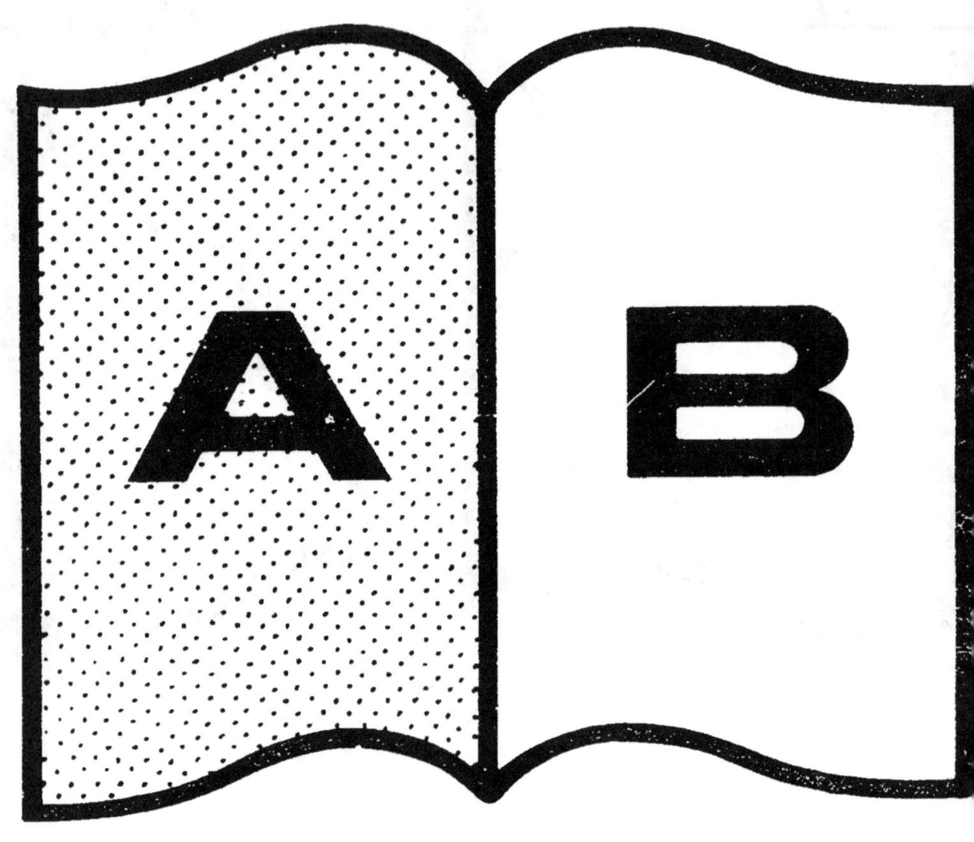

Contraste insuffisant

NF Z 43-120-14